I0539468

Trivia sobre la historia de los nativos americanos

Ponga a prueba sus conocimientos con más de 200 preguntas y respuestas sobre culturas indígenas, líderes influyentes y acontecimientos históricos

© Copyright 2024

Todos los derechos reservados. Ninguna parte de este libro puede ser reproducida de ninguna forma sin el permiso escrito del autor. Los revisores pueden citar breves pasajes en las reseñas.

Descargo de responsabilidad: Ninguna parte de esta publicación puede ser reproducida o transmitida de ninguna forma o por ningún medio, mecánico o electrónico, incluyendo fotocopias o grabaciones, o por ningún sistema de almacenamiento y recuperación de información, o transmitida por correo electrónico sin permiso escrito del editor.

Si bien se ha hecho todo lo posible por verificar la información proporcionada en esta publicación, ni el autor ni el editor asumen responsabilidad alguna por los errores, omisiones o interpretaciones contrarias al tema aquí tratado.

Este libro es solo para fines de entretenimiento. Las opiniones expresadas son únicamente las del autor y no deben tomarse como instrucciones u órdenes de expertos. El lector es responsable de sus propias acciones.

La adhesión a todas las leyes y regulaciones aplicables, incluyendo las leyes internacionales, federales, estatales y locales que rigen la concesión de licencias profesionales, las prácticas comerciales, la publicidad y todos los demás aspectos de la realización de negocios en los EE. UU., Canadá, Reino Unido o cualquier otra jurisdicción es responsabilidad exclusiva del comprador o del lector.

Ni el autor ni el editor asumen responsabilidad alguna en nombre del comprador o lector de estos materiales. Cualquier desaire percibido de cualquier individuo u organización es puramente involuntario.

Índice

Introducción

Mucho antes de que los exploradores europeos llegaran a las Américas, el continente estaba repleto de tribus indígenas de pueblos originarios. Su historia se remonta a decenas de miles de años y sus culturas se desarrollaron en muchas direcciones únicas a lo largo del tiempo. A pesar de la percepción común de los nativos americanos como primitivos en comparación con los colonos europeos, tenían ricas tradiciones y relaciones interpersonales que crearon una compleja red de redes comerciales, alianzas políticas y conflictos tribales. Con tantas lenguas, creencias espirituales y referentes culturales diferentes, es sorprendente que los pueblos indígenas precolombinos pudieran comunicarse en absoluto.

Para cuando los colonos europeos dejaron su huella en el llamado "Nuevo Mundo", los nativos americanos se vieron obligados a enfrentarse a culturas totalmente desconocidas y a personas que actuaban de forma muy diferente a ellos. Algunas tribus negociaron acuerdos de paz, mientras que otras entraron en guerra. La brecha tecnológica entre los europeos y los nativos americanos era significativa. El armamento avanzado, como los cañones y la artillería, dio a los europeos una enorme ventaja en la guerra. Pronto quedó claro que los pueblos indígenas necesitarían unirse si tenían alguna esperanza de sobrevivir a la tormenta de pólvora y cañones que se avecinaba.

Al final, los nativos americanos no pudieron contener la marea de la ocupación europea durante demasiado tiempo. Para cuando las colonias americanas consiguieron su independencia y se transformaron en los

Estados Unidos de América, los pueblos nativos estaban perdiendo rápidamente su dominio sobre las tierras en las que ellos y sus antepasados habían vivido durante milenios. El gobierno de Estados Unidos estableció reservas para los nativos americanos, obligando a los pueblos indígenas a habitar dentro de unas fronteras estrictas. Las reservas tenían malas condiciones de vida, a menudo estaban superpobladas y recibían muy pocos fondos. La violencia era habitual, tanto entre los propios nativos americanos como contra los militares o policías que abusaban de su autoridad.

A lo largo del siglo XX y en el siglo XXI, los pueblos indígenas de América han tenido que luchar para que se les conceda el derecho a vivir a la manera de sus antepasados. Tuvieron que convencer al gobierno de Estados Unidos de que les tratara como a los demás ciudadanos. Las reservas se redujeron a medida que se reapropiaban de tierras valiosas para usos alternativos. La opresión y la supresión de las tradiciones y la cultura de los nativos americanos causaron muchos problemas a la población. Se les empujaba en dos direcciones: la asimilación a la cultura estadounidense y el retorno a su modo de vida original.

Hay mucho sobre la cultura indígena americana que los forasteros desconocen. Los detalles de las culturas, tradiciones e historia de los pueblos indígenas se descuidan gravemente en muchos programas educativos. La mayor parte de la información se presenta desde una perspectiva colonial europea y estadounidense. Aunque este libro pretende ofrecer curiosidades divertidas e interesantes para poner a prueba sus conocimientos sobre los nativos americanos y los pueblos indígenas, hay mucho que aprender mientras se pasa un buen rato. Si aún no es un experto en la cultura y la historia de los nativos americanos, este libro le resultará tan informativo como ameno.

Capítulo 1: ¿Quién estuvo aquí primero?

Antes de la llegada de los colonos europeos tras el "descubrimiento" del "Nuevo Mundo" por Cristóbal Colón, los pueblos indígenas de las Américas ya llevaban más de 30.000 años viviendo allí. Los pueblos indígenas evolucionaron de culturas primitivas a tribus más complejas e independientes. La mayoría de los registros relativos a los indígenas americanos proceden de colonos europeos que describieron sus experiencias al entrar en contacto con los pueblos nativos. Sin embargo, arqueólogos, antropólogos e historiadores tribales han proporcionado mucha información sobre cómo era América antes de que los primeros colonos tocaran tierra. Ponga a prueba sus conocimientos sobre los pueblos indígenas precolombinos, incluyendo su cultura, tradiciones e historia.

Elección múltiple

1. ¿Qué antigua civilización nativa americana es conocida por construir viviendas en los acantilados?

A. Azteca

B. Anasazi

C. Inca

D. Maya

2. ¿Qué cultivo NO era común en las sociedades nativas americanas precolombinas?

A. Maíz

B. Tomates

C. Trigo

D. Calabaza

3. ¿Qué ciudad se considera la primera verdadera metrópolis de Norteamérica?

A. Teotihuacan

B. Cahokia

C. Cholula

D. Tenochtitlan

4. ¿Cómo se llamaba la red comercial entre las culturas nativas americanas precolombinas a lo largo de la mitad oriental de Norteamérica?

A. La cultura Hopewell

B. La Red Seneca

C. La Confederación Iroquesa

D. El camino Lakota

5. ¿Qué vástago de la cultura misisipiana habitó el Parque del Túmulo Indio de la Isla Dauphin, en Alabama?

A. La cultura de Pensacola

B. La cultura de Okeechobee

C. La cultura seminola

D. La cultura dakota

6. ¿Qué cultura paleoindia que vivió en Nuevo México se encuentra entre las más antiguas encontradas en Norteamérica?

A. El Folsom

B. La Mesa

C. El Nenana

D. El Clovis

7. ¿Qué palabra inglesa procede de la lengua algonquina anterior a la colonización de Norteamérica?

A. Woodchuck (Marmota)

B. Snake (Serpiente)

C. Chipmunk (Ardilla)

D. Rabbit (Conejo)

8. ¿Qué pueblo nativo americano que vivía en la orilla este del bajo río Mississippi era dirigidos por un rey y sumo sacerdote conocido como el "Gran Sol"?

A. Osage

B. Nooksack

C. Cheroqui

D. Natchez

9. ¿Qué animal NO era originario de Norteamérica antes de la llegada de los colonos europeos?

A. Llamas

B. Pavos

C. Búfalo

D. Caballos

10. ¿En qué tipo de viviendas vivían los iroqueses?

A. Tipis

B. Casa Comunales

C. Cabañas

D. Yurtas

Verdadero o falso

1. Los Hohokam eran conocidos por haber creado una extensa red de canales de irrigación.

- Verdadero
- Falso

2. Había aproximadamente 500 tribus precolombinas que hablaban unas 300 lenguas diferentes antes de la colonización europea en Norteamérica.

- Verdadero
- Falso

3. El pueblo inuit utilizaba trineos tirados por perros y equipos de lobos grises.

- Verdadero
- Falso

4. Itzcóatl fue el fundador y primer emperador del Imperio azteca.

- Verdadero
- Falso

5. Los indios de las llanuras practicaban la decapitación durante la guerra intertribal en la época precolombina.

- Verdadero
- Falso

6. El pueblo pawnee hablaba principalmente la lengua comanche.

- Verdadero
- Falso

7. Los kwakiutl eran conocidos como pescadores altamente cualificados.

- Verdadero
- Falso

8. Los nativos americanos cazaban bisontes y búfalos mucho antes de la llegada de los colonos europeos.

- Verdadero
- Falso

9. Las puntas de flecha más antiguas encontradas en Norteamérica tienen 5.000 años.

- Verdadero
- Falso

10. La cultura misisipiana era conocida por construir grandes montículos de plataforma.

- Verdadero

- Falso

Rellene los espacios en blanco

1. A la civilización _____ se le atribuye a menudo el desarrollo del concepto de cero en matemáticas.

2. Los nativos americanos también conocen el cultivo de maíz nativo común de América del Norte como _____.

3. Los pueblos _____ construyeron aldeas en lo alto de las mesetas del suroeste americano.

4. A diferencia de muchas otras culturas indígenas americanas, las civilizaciones _____ y _____tenían sistemas de lenguaje escrito.

5. Una forma notable para los jóvenes guerreros nativos americanos de probarse a sí mismos fuera de la batalla era hacer algo llamado _____.

6. Los nativos americanos crearon arte utilizando rocas, herramientas de piedra y huesos, lo que se conoce como _____.

7. Las tribus nativas americanas que vivían en la costa oeste de Norteamérica solían utilizar arcos _____.

8. Los navajos eran originalmente _____ y_____ antes de adoptar rasgos agrícolas del pueblo anasazi.

9. Los lakota, kiowa, mandan y pies negros marcaban el tiempo utilizando un calendario conocido como _____.

10. Aunque el pueblo crow era nómada, se asentó durante un tiempo antes del contacto con los europeos colonos en la región del Lago del Diablo, _____.

Coincidencias

1. Empareje las cinco tribus originales que formaban la versión precolombina de la Liga Iroquesa con el lugar donde vivían.

Mohawk   Lago Canandaigua

Onondaga   Lago Ontario

Oneida   Lagos Finger

Cayuga   Bosques del noreste

Seneca   Lago Oneida

2. Empareje el animal autóctono de Norteamérica con el tipo de carne que proporciona.

Ciervos   Carne de ave

Búfalo   Carne de ovino

Turquía   Carne de bisonte

Cabra montés   Carne de cabra

Oveja cimarrona   Venado

3. Relacione el tipo de vivienda con los nativos americanos que vivían en ella.

Tipis   Iroqués

Casa Comunales   Hopi

Iglús   Algonquino

Pueblo   Lakota

Wigwams   Inuit

4. Empareje los imperios indígenas mesoamericanos con sus capitales.

Azteca	La Venta
Maya	Tenochtitlan
Olmeca	Tikal
Zapoteca	Tollan
Tolteca	Monte Albán

5. Relacione las técnicas de pesca con los pueblos indígenas que las utilizaban.

Pesca submarina	Ojibwe
Red	Karankawa
Cañas y aparejos	Inuit
Pesca con arco	Cree
Presas	Chumash

6. Empareje los nombres de las tribus nativas americanas con sus traducciones al español.

Cayuga	Campos de cultivo en el valle
Navajo	La gente de verdad
Inuit	Comedores de hombres
Hopi	La gente del Gran Pantano
Mohawk	Personas que viven de forma correcta

7. Relacione los estados modernos de EE. UU. con la ubicación de las culturas regionales del Mississippi.

Oklahoma	Misisipiano medio
Kentucky	Misisipiano de los Apalaches del Sur
Luisiana	Misisipiano Caddoan
Carolina del Norte	Misisipiano superior/tardío
Wisconsin	Misisipiano Plaquemine

8. Relacione al monarca maya con su dinastía gobernante.

Lachan K'awiil Ajaw Bot	Dinastía de serpientes
Aj Yash Punim	Dinastía Caracol
Yo K'in	Dinastía Bonampak
Te' K'ab Chaak	2ª dinastía de Tikal
Yuknoom Ch'een I	La dinastía Amelia

9. Empareje las tribus nativas americanas con la región de Norteamérica donde vivían.

Aleut	Costa Oeste
Mohegan	Noreste
Anasazi	Sureste
Cheroqui	Península de Alaska
Chinook	Suroeste

10. Empareje el tipo de arma de los nativos americanos con la antigüedad de cada una.

Tomahawk (Hacha)   El más antiguo

Punta de flecha   2ª más antigua

Lanza   La 3ª más antigua

Garrote   El 4º más antiguo

Átlatl (Propulsor)   El 5º más antiguo

Identifique las imágenes

1. Esta es una representación del monarca conocido como Yuknoom el Grande. Identifique la civilización mesoamericana precolombina que dirigió.

Respuesta: _____

2. Estos artefactos precolombinos proceden de una excavación en el condado de Boone, Nebraska, y muestran pruebas de ¿qué tipo de herramientas de los nativos americanos?

Respuesta: _____

3. Este jarrón procede de una cultura mesoamericana conocida por sus glifos y escrituras ornamentadas.

Respuesta: _____

Simiquinj, cacano cacanoanj. ixquich quifoco, ontlatzpeoa, y nhmilpan, ymimilo y ni cuenta, auh y noixhoac, micapapatlacoc, vtc, tlapupuxoa, tatalhujatla cuentapoa, tctlalhuiyuhtruc mj; auh intlaamilli, ca atla xilia, auh intlachinampie, ni raxyneiah, cintamaleo, cinta malaquia, chiltzea, chilque tza, tlacoxupachoa, iexicovij injuitha, ynamonciiuctzi, ymi ciauis, ynircacio, ynic quitta ynecuiltonol, vize iollalitis, yno tlamuchiuh ynoquittac iltona caiouh, moiollalia, payui, vel tamati, tlacalaquia, ixquich quicalaquia ymicin in iouil, y mixtac, incoztic, imxiuhtoc tli, auh imiquac pixia, intlacui cuj nononqua quixma, quiia quixtia, quipepena, inueuej cintli, cequicochollalia, coochi lalia, cequicolchicaloa, ya iixquac quijpipiloa yminehol, ni olchical, iuh qujntlapipiloc ocholli, ynolchicalli, auh irma quitl nonqua quitocna, yoan impepoieh attoquixcaoa, Hacé toca multi cohoia, y mizquitztl

4. En este códice precolombino se representa a los nativos americanos cultivando y haciendo crecer este popular cultivo autóctono.

Respuesta: _____

Clave de respuestas

Respuestas de opción múltiple

1. B. Anasazi (*Los anasazi también son conocidos como los pueblos ancestrales. Alrededor de la década de 1190, empezaron a trasladarse a viviendas situadas junto a los acantilados, incluido el gran asentamiento conocido como Mesa Verde y al que llamaban la "Ciudad del Cielo"*).

2. C. Trigo (*El trigo no es un cultivo autóctono de Norteamérica. Fue traído con los colonos europeos, y el primer caso registrado de trigo se plantó en Virginia en 1602*).

3. A. Teotihuacán (*Situada en el Valle de México, Teotihuacán, en su apogeo entre el 1 y el 500 d. C., llegó a albergar a unas 125.000 personas. Fue la ciudad más grande de América y la sexta del mundo entero*).

4. A. La cultura Hopewell (*La red comercial de la cultura Hopewell abarcaba desde el lago Ontario, en el norte, hasta los montículos indios de Crystal River, en Florida. Esta red existió desde el año 1000 a. C. hasta el 1000 d. C. e involucró a una amplia variedad de diferentes culturas nativas americanas*).

5. A. La cultura Pensacola (*La cultura Pensacola existió en torno a la costa del Golfo de Alabama y Florida entre 1100 y 1700 de nuestra era. El Parque de los Túmulos Indios está formado por vertederos de conchas creados por los Pensacola, que lo utilizaban para desechar las conchas de las ostras después de recolectarlas en su interior*).

6. D. Los Clovis (*En su día se pensó que era la cultura paleoindia más antigua de Norteamérica, pero desde entonces han surgido pruebas de que las culturas Nenena y Mesa de Alaska son anteriores a ellos. La cultura Clovis vivió en Nuevo México entre 11.500 a. C. y 10.800 a. C.*).

7. C. Ardilla (Chipmunk) [*La lengua algonquina ha dado a la lengua inglesa muchos préstamos de palabras además de "Chipmunk" (ardilla). Entre ellas están "skunk" (zorrillo), "pecan" (nuez), "potato" (patata) y "poncho"*].

8. D. Natchez (*Además del "Gran Sol", la cultura natchez tenía un sistema de castas. Su aristocracia se basaba en la herencia y el linaje, no muy diferente de los sistemas de nobleza utilizados por los colonos europeos que llegaron más tarde al continente*).

9. D. Caballos (*Aunque existen registros fósiles de caballos en Norteamérica durante la era prehistórica, desaparecieron hace unos

10.000 años. Los caballos sólo volvieron a verse cuando los colonos españoles llegaron con ellos en 1519).

10. B. Casa Comunales (*Las cinco tribus de los iroqueses vivían en casas comunales construidas con materias primas disponibles en la zona inmediata. Podían albergar entre 20 y 100 individuos*).

Respuestas de verdadero o falso

1. Verdadero (*Debido a que vivían en el árido clima desértico de los valles de los ríos Salado y Gila, los Hohokam disponían de escasas precipitaciones para cultivar. Desarrollaron una ingeniosa red de canales de irrigación para trasladar el agua a sus campos de cultivo*).

2. Verdadero (*Antes de la colonización, las tribus nativas americanas hablaban unas 300 lenguas. El gobierno de Estados Unidos presionó para asimilar a las tribus y extinguir sus lenguas a lo largo del siglo XIX. En 2013, sólo quedaban 169 lenguas nativas americanas, y todas menos 2 están en peligro de extinción para 2050*).

3. Falso (*Los inuit utilizaban equipos de huskies siberianos para tirar de sus trineos. Estos perros descendían de antiguos siberianos del norte domesticados hace aproximadamente 23.000 años*).

4. Verdadero (*Itzcoatl unió la Triple Alianza de Tenochtitlan, Tetzcoco y Tlacopan para crear el Imperio azteca. Gobernó de 1427 a 1440 y le sucedió Moctezuma I*).

5. Verdadero (*Las pruebas arqueológicas demuestran que los indígenas de Norteamérica practicaban el arrancamiento del cuero cabelludo ya en el año 600 de nuestra era. Los indios de las llanuras sólo tomaban las cabelleras de los enemigos muertos en batalla y se abstenían de hacerlo con civiles*).

6. Falso (*El pueblo Pawnee hablaba principalmente la lengua caddoana. Desgraciadamente, en la actualidad se considera extinta y sólo quedan unas 10 personas en el mundo capaces de hablarla*).

7. Verdadero (*Los kwakiutl se originaron en torno a la costa noroeste del Pacífico, en lo que hoy es Canadá. Dependían en gran medida de la pesca para alimentarse y comerciar, y gran parte de su cultura también se basaba en la industria pesquera*).

8. Verdadero (*Tanto el bisonte como el búfalo eran nativos de Norteamérica y proporcionaron a los indígenas abundante alimento durante miles de años antes de la llegada de los colonos europeos. Matar

50 bisontes o búfalos podía producir hasta 20.000 libras de carne, una enorme cantidad de alimentos y otras materias primas).

9. Falso (Las puntas de flecha más antiguas encontradas en *Norteamérica tienen aproximadamente 15.700 años. Un alijo de 13 puntas de flecha de nativos americanos fue descubierto en el oeste de Idaho durante una excavación en diciembre de 2022. Fueron datadas como 2.300 años más antiguas que las puntas de flecha más antiguas jamás descubiertas).*

10. Verdadero (Un *rasgo bien conocido de la cultura misisipiana fueron los montículos de plataforma construidos por su pueblo como viviendas, templos y lugares de enterramiento. Estas grandes pirámides de tierra podían encontrarse desde el valle del río Misisipi hasta el Medio Oeste de Estados Unidos).*

Respuestas a las preguntas de rellenar los espacios en blanco

1. Olmecas (Los mayas utilizaban el cero en matemáticas, pero el concepto es anterior a su sistema. Se cree que lo inventaron los olmecas, la primera civilización mesoamericana conocida).

2. Maíz (El *maíz en Norteamérica se originó como cultivo domesticado en el sur de México. Apareció por primera vez hace unos 9.000 años y se convirtió en un alimento básico agrícola común de los indígenas americanos).*

3. Hopi (Los *hopi descendían del pueblo ancestral y compartían muchas similitudes con los anasazi. Vivían alrededor de las Cuatro Esquinas de Estados Unidos, incluyendo Utah, Nuevo México, Colorado y Arizona).*

4. Azteca y Maya (Se *cree que tanto la civilización azteca como la maya no sólo codificaron*

sus lenguas en forma escrita, pero tenían una tasa de alfabetización cercana al 100% entre su pueblo).

5. Counting coup (actos o muestras de valentía) (El *ritual del "counting coup" consistía en que los jóvenes guerreros nativos americanos se acercaran lo suficiente a un enemigo para tocarle o robarle algo como prueba de su valentía. La guerra no estaba tan extendida en la época precolombina entre tribus, por lo que el counting coup ayudaba a los jóvenes guerreros a ganar renombre sin necesidad de recurrir a la* *violencia*).

6. Petroglifos (Los *nativos americanos tallaban petroglifos en las rocas utilizando herramientas de piedra o huesos. Este arte aún puede observarse en lugares como la cueva Dunbar en Clarksville, Tennessee*).

7. Recurvo (*Muchas de las tribus nativas americanas utilizaban arcos recurvos para cazar. Estos arcos se fabricaban a menudo con maderas resistentes como el roble, el olmo, el fresno, el nogal americano o el tejo. Se sujetaban con pegamento hecho con las astas de alces y ciervos*).

8. Cazadores y recolectores (*Como muchas otras tribus indígenas de la Norteamérica*

precolombina, los navajos subsistían a base de carne de los animales que mataban y de frutas, verduras y otras fuentes de alimentos que podían forrajear).

9. Recuento invernal (*Las tribus de las Llanuras utilizaban recuentos invernales para denotar el paso del tiempo. Estos eran realizados con pictogramas sobre piel de bisonte estirada. Cada año estaba marcado por un símbolo que mostraba el acontecimiento más importante o notable durante ese periodo de tiempo*).

10. Dakota del Norte (*Mientras vivían en los alrededores del lago del Diablo, los crow se separaron de los hidatsa y decidieron seguir emigrando hacia el oeste. Con el tiempo, los crow entraron en contacto con otras tribus, como los lakota, los Shoshón y los kiowa*).

Respuestas de las preguntas de emparejamiento

1. Lago Ontario/Mohawk; Bosques del Noreste/Onondaga; Lago Oneida/Oneida; Lagos Finger/Cayuga; Lago Canandaigua/Seneca

2. Ciervo/Venado; Búfalo/Carne de bisonte; Pavo/Carne de ave; Cabra montesa/Carne de cordero; Oveja cimarrona/Carne de ovino

3. Tipis/Lakota; Casas comunales/ Iroqués; Iglús/inuit; Pueblos/Hopi; Wigwams/ Algonquino

4. Azteca/Tenochtitlan; Maya/Tikal; Olmeca/La Venta; Zapoteca / Monte Alban; Tolteca/Tollan

5. Pesca submarina/Ojibwe; Red/Inuit; Caña y aparejo/Chumash; Pesca con arco/Karankawa; Presas/Cree

6. Cayuga/Gente del gran pantano; Navajo/Campos de cultivo en el valle; Inuit/La gente de verdad; Hopi/Gente que vive de forma correcta; Mohawk/Comedores de hombres

7. Oklahoma / Misisipiano Caddoan; Kentucky/ Misisipiano medio; Luisiana/ Misisipiano Plaquemine; Wisconsin/ Misisipiano superior/tardío

8. Lachan K'awiil Ajaw Bot/Dinastía La Amelia; Aj Yash Punim/Dinastía Bonampak; Yo K'in/Dinastía Tikal II; Te' K'ab Chaak/Dinastía Caracol; Yuknoom Ch'een I/Dinastía Serpiente.

9. Aleut/Península de Alaska; Mohegan/Noreste; Anasazi/Suroeste; Cheroqui/Sureste; Chinook/Costa Oeste

10. Punta de flecha/Más Antigua; Átlatl/Segunda más antigua; Lanza/3ª más antigua; Garrote/4ª más antigua; Tomahawk/5º más antigua

Respuestas de identifique las imágenes

1. **La civilización maya** (*Yuknoom el Grande, o Yuknoom Ch'een II, fue un monarca maya que gobernó del 636 al 686 de nuestra era. Era miembro de la dinastía de la Serpiente, que gobernaba el reino Kaan, cuya capital era Calakmul, situada en el estado mexicano de Campeche*).

2. **Herramientas de piedra** (*Los artefactos encontrados eran los utilizados por las tribus precolombinas de nativos americanos. Se utilizaban como puntas de flecha, puntas de lanza y otras herramientas para la vida cotidiana. Algunos de los artefactos fueron datados entre 2.000 y 3.000 años de antigüedad*).

3. **Mayas** (*Los mayas disponían de avanzados sistemas matemáticos, arquitectónicos y astronómicos. El calendario maya trazaba el tiempo para miles de años en el futuro, y su arte representaba figuras tanto de la historia como de la mitología*).

4. **Maíz** (*El maíz era un alimento básico en la dieta de los nativos americanos precolombinos. Sigue siendo un alimento estándar y una materia prima en culturas de todo el mundo, especialmente en América*).

Capítulo 2: Caciques y chamanes: Adivine a los grandes líderes nativos

Los líderes de las tribus nativas americanas que habitaban Norteamérica tuvieron un gran impacto en el progreso experimentado tanto por su propio pueblo como por los colonos europeos que se extendían por el continente. Algunos caciques y hombres santos muy famosos se ganaron su reputación por resistirse a los intentos del gobierno de Estados Unidos de acorralar a los nativos americanos en reservas y por mejorar la vida de su pueblo. Compruebe cuánto sabe sobre los jefes y chamanes de las numerosas tribus nativas americanas.

Elección múltiple

1. Durante su discurso de rendición, ¿qué líder dijo célebremente: "No lucharé más para siempre"?

   A. Toro Sentado

   B. Gerónimo

   C. Jefe Joseph

   D. Tecumseh

2. ¿Qué líder espiritual lideró el movimiento de la Danza de los espíritus?

A. Alce Negro

B. Wovoka

C. Quanah Parker

D. Caballo Loco

3. ¿Qué líder apache dirigió un levantamiento contra el gobierno federal de Estados Unidos de 1861 a 1872?

A. Cochise

B. Hiawatha

C. Little Bear (Pequeño oso)

D. Nube Roja

4. ¿Qué líder lakota ayudó a derrotar al general Custer y al ejército de Estados Unidos en la batalla de Little Bighorn?

A. Running Deer (Ciervo corredor)

B. Powhatan

C. Red Eye Snake (Serpiente de ojos rojos)

D. Toro Sentado

5. ¿Qué líder navajo es famoso por resistirse a la reubicación forzosa de su pueblo durante la Larga Caminata de 1864?

A. Nube Roja

B. Manuelito

C. Quillion

D. Caballo Loco

6. ¿Quién fue el último líder nativo americano que se rindió al ejército de Estados Unidos?

A. Jefe Joseph

B. White Beaver (Castor blanco)

C. Nahimana

D. Gerónimo

7. ¿Qué líder lakota se negó célebremente a ser fotografiado en vida?

A. Caballo Loco

B. Toro Sentado

C. Spotted Elk (Alce moteado)

D. Nube Roja

8. ¿Quién fue uno de los principales cofundadores de la alianza de las Cinco Naciones Iroquesas?

A. Alce de Toro (Bull Moose)

B. Hiawatha

C. Wapeka

D. Lewis Tewanima

9. ¿Qué líder Shawnee fue asesinado por el ejército de los Estados Unidos durante la guerra de 1812?

A. Cheeseekau

B. Tenskwatawa

C. Tecumseh

D. Kumskaukau

10. ¿Qué jefe del pueblo creek luchó contra el futuro presidente de los Estados Unidos Andrew Jackson durante la guerra Creek?

A. Menawa

B. Black Elk (Alce Negro)

C. Pocahontas

D. Ratonhnhaké

Verdadero o falso

1. Pocahontas era una jefa de la tribu Powhatan.

• Verdadero

• Falso

2. El líder mohawk Joseph Brant luchó para los británicos durante la guerra Francesa e India.

• Verdadero

• Falso

3. El silabario cheroqui fue creado por el miembro de la tribu conocido como Sequoyah.

• Verdadero

• Falso

4. El líder lakota Nube Roja fue asesinado durante la batalla de Little Bighorn.

- Verdadero
- Falso

5. El jefe de guerra odawa Pontiac luchó contra los franceses durante la guerra de Pontiac.

- Verdadero
- Falso

6. La primera biografía que se publicó sobre un nativo americano fue sobre el líder sauk, Halcón Negro.

- Verdadero
- Falso

7. El líder Chickasaw, Tishomingo, recibió una medalla de plata del presidente George Washington.

- Verdadero
- Falso

8. Toro Sentado realizó una gira con el espectáculo del Salvaje Oeste de Wild Bill Hickok después de rendirse al Gobierno de Estados Unidos.

- Verdadero
- Falso

9. Squanto era miembro de la tribu cheroqui cuando entró en contacto por primera vez con los colonos de la colonia de Plymouth.

- Verdadero
- Falso

10. El jefe Lenni-Lenape Tamanend fue considerado "Santo Patrón de América" por sus contribuciones a la ayuda a los colonos durante la Guerra Revolucionaria Americana.

- Verdadero
- Falso

Rellene los espacios en blanco

1. _____ fue un jefe cheyene que sobrevivió al conflicto y fue conocido por su papel en la batalla de Little Bighorn.

2. Tras ser capturado por una expedición de caza, el colono inglés John Smith de Jamestown recibió la orden de ser ejecutado por _____.

3. El líder Pueblo Popé organizó la Revuelta Pueblo de 1680 para desalojar a los _____ de Nuevo México.

4. El coronel Joseph Louis Cook fue el oficial nativo americano comisionado de más alto rango en el _____ durante la Guerra Revolucionaria Americana.

5. Tenskwatawa, el hermano de Tecumseh, fue asesinado por las fuerzas del futuro presidente de los Estados Unidos William Henry Harrison en el _____.

6 _____ fue un líder militar seminola que condujo a su tribu a los Everglades de Florida para resistir los intentos del gobierno federal de los Estados Unidos de reubicarlos.

7. La líder de los Pies Negros Pi'tamaka recibió el nombre _____ por el jefe Lone Walker por su destreza guerrera.

8. _____ fue un líder apache cuyas últimas palabras fueron: "Nunca debería haberme rendido. Debería haber luchado hasta ser el último hombre vivo".

9. El líder cheroqui John Ross intentó detener el Sendero de Lágrimas haciendo una petición al presidente de los Estados Unidos _____.

10. _____ fue el primer líder de la Gran Nación Sioux.

Correspondencias

1. Empareje a los líderes tribales notables con su tribu.

Toro Sentado	Shawnee
Gerónimo	Lakota
Tecumseh	Ottawa
Pontiac	Sauk
Halcón negro	Apache

2. Empareje al líder militar con la batalla en la que luchó.

Caballo Loco	Batalla de Tippecanoe
Alce moteado	Masacre de Wounded Knee
Tenskwatawa	Batalla de Horseshoe Bend
Menawa	Batalla del río Powder
Dos lunas	Batalla de Little Bighorn

3. Empareje a los nativos americanos famosos con sus principales logros.

Hiawatha	Primer nativo americano medallista de oro olímpico
Charles Curtis	Hizo la paz con los colonos ingleses en Jamestown, Virginia
Jim Thorpe	Formación de la Confederación Iroquesa
Ira Hayes	31º Vicepresidente de los Estados Unidos
Powhatan	Ayudó a izar la bandera estadounidense en la famosa fotografía de Iwo Jima de la Segunda Guerra Mundial

4. Empareje los tratados de los nativos americanos con el líder que los firmó.

Tratado con las Seis Naciones (1784)	Onogwendahonji
Tratado con los Delaware, etc. (1809)	Chief Lawyer (Abogado jefe)
Tratado con los Nez-Percé (1863)	Birdtail King (Rey Cola de Pájaro)
Tratado Muscogee (1790)	Killbuck (Bemino)
Tratado de Fort Laramie (1868)	Nube Roja

5. Empareje a los líderes nativos americanos con el año en que murieron.

Jefe Joseph	1932
Caballo Loco	1843
Wovoka	1877
Cochise	1904
Sequoyah	1874

Identifique las imágenes

1. Esta es una fotografía del famoso líder lakota que fue asesinado en la reserva india de Standing Rock por la policía de la agencia india.

Respuesta: _____

2. Esta es una fotografía del líder Nez Percé cuyo padre le dijo al morir: "Hijo mío, nunca olvides mis últimas palabras. Este país guarda el cuerpo de tu padre. Nunca vendas los huesos de tu padre y de tu madre".

Respuesta: _____

3. Esta es una fotografía del conocido líder apache cuyo nombre significa "el que bosteza".

Respuesta: _____

PHILIP. *KING* of Mount Hope.

4. Se trata de una representación del líder wampanoag que luchó contra los colonos europeos, incluidos los de la colonia de Plymouth, y sus aliados nativos americanos.

Respuesta: _____

5. Se trata de una representación del líder shawnee que luchó contra el ejército de Estados Unidos a finales del siglo XVIII y principios del XIX.

Respuesta: _____

Clave de respuestas

Respuestas de opción múltiple

1. C. Jefe Joseph (*El jefe Joseph fue un líder de los Nez Percé, una tribu nativa americana del noroeste del Pacífico. Luchó contra el gobierno federal de Estados Unidos durante la segunda mitad del siglo XIX y finalmente se vio obligado a rendirse para salvar a su pueblo de la aniquilación*).

2. B. *Wovoka* (*Wovoka, también conocido como Jack Wilson) fue un líder religioso del pueblo Paiute del Norte durante finales del siglo XIX y principios del XX. Fundó el segundo Movimiento de la Danza de los espíritus para combinar los valores nativos americanos y cristianos, promoviendo mensajes de pacifismo y redención espiritual*).

3. A. Cochise (*Cochise también luchó contra el gobierno mexicano en venganza por la muerte de su padre. Su enfrentamiento en Apache Pass en 1862 con 500 hombres contra los cañones de artillería obús del ejército de Estados Unidos contribuyó a cimentar su leyenda en la mente del público estadounidense. El condado de Cochise, en Arizona, fue bautizado en su honor*).

4. D. *Toro Sentado* (*La Gran Guerra Sioux, de la que la batalla de Little Bighorn fue un conflicto importante, se inició en parte gracias a las visiones de Toro Sentado. Éste predijo el éxito de los sioux contra el ejército de Estados Unidos y convenció a los demás líderes para pasar a la ofensiva en 1876*).

5. B. Manuelito (*Aunque Manuelito lideró a los navajos en la resistencia violenta contra la política del gobierno de Estados Unidos de encarcelar a los nativos americanos en campos de internamiento, acabó firmando el tratado de 1868 que estableció las reservas de nativos americanos*).

6. D. Gerónimo (*Gerónimo era un chamán y líder del pueblo apache. Luchó con su pueblo contra los mexicanos y los Estados Unidos, ganándose una reputación por su capacidad casi sobrehumana para sobrevivir a las batallas. Cuando se rindió al general del ejército de los Estados Unidos Nelson A. Miles el 4 de septiembre de 1886, fue la última vez que un líder nativo americano se rindió al ejército de los Estados Unidos*).

7. **A. Caballo Loco** (*Aunque Caballo Loco dijo en múltiples ocasiones que nunca sería fotografiado, pues creía que eso robaba una parte del alma del sujeto, en 1956 se encontró supuestamente una foto suya en la que aparecía retratado en el estudio de un fotógrafo hacia 1877. La mayoría de los expertos coinciden en que la foto es falsa o muestra en su lugar a un nativo americano de aspecto similar*).

8. **B. Hiawatha** (*Cuando las tribus mohawk, cayuga, seneca, oneida y onondaga se reunieron para discutir la formación de una alianza, Hiawatha fue uno de los representantes elegidos para asistir al consejo. A pesar de que un miembro de las tribus rivales asesinó a su esposa e hijas para frustrar las discusiones, acabó ejerciendo de Gran Pacificador. Bajo su dirección se creó la Confederación Iroquesa*).

9. **C. Tecumseh** (*Durante la guerra de 1812, Tecumseh se puso del lado de los británicos contra Estados Unidos. Ayudó a capturar Detroit, pero no tuvo éxito en las campañas posteriores en Ohio e Indiana. Tras retirarse al Alto Canadá, fue asesinado el 5 de octubre de 1813 en la batalla del Támesis*).

10. **A. Menawa** (*Menawa era miembro de los Palos Rojos, un grupo de nativos americanos que se oponían a la asimilación a la sociedad estadounidense. Aunque sobrevivió a la guerra Creek, atacó a su compañero jefe William McIntosh sin la aprobación del Consejo Nacional Creek. Como castigo, lo mataron y confiscaron todas sus propiedades*).

Respuestas verdaderas o falsas

1. **Falso** (*Pocahontas era la hija de Powhatan, el jefe del pueblo Powhatan, pero ella* nunca fue una jefa por derecho propio. Acabó casándose con un colono inglés llamado John Rolfe y murió mientras viajaba de vuelta a Virginia desde Inglaterra en marzo de 1617).

2. **Verdadero** (*Joseph Brant fue una figura nativa americana muy notable durante su vida. Conoció a muchas figuras influyentes del siglo XVIII, como George Washington, John Butler y el rey Jorge III*).

3. **Verdadero** (*Sequoyah, también conocido como George Guess o Gist, fue un polímata y neógrafo que terminó su silabario cheroqui en 1821. Ayudó a extender la alfabetización por toda la Nación Cheroqui y tuvo tanto éxito que fue adoptado como silabario oficial en 1825*).

4. **Falso** (*Nube Roja sobrevivió a la batalla de Little Bighorn. Sin embargo, entró en conflicto con otros líderes sioux cuando decidió firmar*

el Tratado de Fort Laramie y ayudó a su pueblo a pasar de resistirse al gobierno federal de Estados Unidos a aceptar la vida en las reservas).

5. Falso (*Pontiac luchó contra los británicos durante la guerra de Pontiac. No estaba satisfecho con la forma en que los británicos trataban a su pueblo tras el final de la guerra Francesa e India, por lo que se rebeló contra ellos*).

6. Cierto (La *biografía de Halcón Negro,* Black Hawk, Abrazando las tradiciones de su nación, *se publicó en 1833. Se convirtió en un éxito de ventas en Estados Unidos, transmitiendo la historia de su vida a la gente contra la que una vez luchó durante la guerra del Halcón Negro y la guerra de 1812*).

7. Verdadero (*Tishomingo luchó contra los shawnee junto al mayor general Anthony Wayne y el ejército de los Estados Unidos. También sirvió más tarde con el futuro presidente Andrew Jackson durante la guerra de 1812 contra los británicos y muchas otras tribus nativas americanas*).

8. Falso (*Toro Sentado realizó una gira con el espectáculo* Buffalo Bill's Wild West de *Buffalo Bill Cody, a partir de 1885. Tuvo que solicitar un permiso especial al gobierno de los Estados Unidos para salir de la reserva donde vivía para participar en el espectáculo*).

9. Falso (*Squanto nació en la tribu Patuxet, pero los colonos europeos aniquilaron su tribu. Más tarde se unió a la tribu Wampanoag y negoció una alianza con los peregrinos que desembarcaron en Plymouth Rock tras llegar en el* Mayflower).

10. Verdadero (*Tamanend firmó un tratado de paz con William Penn, el fundador de la provincia de Pensilvania, que permitió a los colonos vivir junto al pueblo lenni-lenape del valle del Delaware. Su apodo "Tammany" llegó a ser utilizado con frecuencia por los colonos y el pueblo de Estados Unidos, incluida la infame maquinaria política Tammany Hall del siglo XIX*).

Respuestas a las preguntas de rellenar los espacios en blanco

1. *Dos Lunas* (*A diferencia de Toro Sentado y Caballo Loco, Dos Lunas no era miembro de los sioux, sino que pertenecía al pueblo cheyene. Su compañero comandante cheyene, Lame White Man, fue asesinado durante la batalla de Little Bighorn, pero consiguió sobrevivir a la lucha*).

2. Powhatan (*Según John Smith, sólo cuando la hija de Powhatan, Pocahontas, suplicó por su vida, Powhatan accedió a dejarle vivir. Más tarde, Smith pudo firmar la paz con la tribu Powhatan y librar a Jamestown de nuevos ataques de su gente*).

3. Españoles (*Los españoles colonizaron una provincia conocida como Santa Fe de Nuevo México, que abarcaba todo el actual Nuevo México y tierras adicionales a su alrededor. Popé y sus guerreros expulsaron a unos 2.000 colonos mexicanos tras matar a 400 durante la revuelta*).

4. Ejército Continental (*Joseph Louis Cook, un líder mohawk conocido como Akiatonharónkwen, luchó por los franceses contra los británicos durante la guerra Francesa e India. Después de que los colonos se rebelaran* contra los británicos, se alistó en el Ejército Continental y ascendió a coronel, el nativo americano de más alto rango durante la guerra).

5. Batalla de Tippecanoe (*La batalla tuvo lugar en 1811 en los alrededores de Prophetstown, Indiana. William Henry Harrison, que ocupaba el cargo de Gobernador del Territorio de Indiana en aquella época, se ganó el apodo de "Tippecanoe" debido al conflicto*).

6. Osceola (*Aunque Osceola nació de madre creek, la tribu seminola lo adoptó y se convirtió en uno de sus líderes militares más destacados. Finalmente fue capturado y encarcelado en Carolina del Sur, donde murió en 1838 en Fort Moultrie*).

7. Running Eagle (Águila corredora) (*Pi'tamaka se convirtió en líder de los Pies Negros tras la muerte de su padre. Ganó renombre por proteger las partidas de caza de su tribu y luchar contra los crow. Como mujer, fue un honor inusual para ella que su pueblo le otorgara el nombre de Running Eagle*).

8. Gerónimo (*Gerónimo fue el último líder nativo americano que se rindió al gobierno federal de Estados Unidos, pero ni él ni su pueblo fueron bien tratados en cautividad. Muchos murieron durante su encarcelamiento y en la reserva donde estaban confinados. El presidente Theodore Roosevelt llegó a reprenderle durante un desfile por tener "mal corazón"*).

9. Andrew Jackson (*A pesar de los esfuerzos de John Ross, el presidente Jackson se negó a poner fin a la migración forzada del Sendero de las Lágrimas. Ross continuó abogando por el pueblo cheroqui en Washington durante el resto de su vida*).

10. Old Chief Smoke (Viejo Jefe Humo) (*Old Chief Smoke fue un líder lakota que acabó convirtiéndose en el jefe de la nación unida de los Grandes Sioux. Murió en 1864 y siguió siendo el jefe durante el resto de su vida*).

Respuestas

1. Toro Sentado/Lakota; Gerónimo/Apache; Tecumseh/Shawnee; Pontiac/Ottawa; Halcón Negro/Sauk

2. Caballo Loco/Batalla de Little Bighorn; Spotted Elk/Masacre de Wounded Knee; Tenskwatawa/Batalla de Tippecanoe; Menawa/Batalla de Horseshoe Bend; Dos Lunas/Batalla del río Powder

3. Hiawatha/Formación de la Confederación Iroquesa; Charles Curtis/ 31° Vicepresidente de los Estados Unidos; Jim Thorpe/Primer nativo americano medallista de oro olímpico; Ira Hayes/Ayudó a izar la bandera americana en la famosa fotografía de Iwo Jima de la Segunda Guerra Mundial; Powhatan/Hizo la paz con los colonos ingleses en Jamestown, Virginia.

4. Tratado con las Seis Naciones/Onogwendahonji; Tratado con los Delawares, etc./Killbuck; Tratado con los Nez Percé/Chief Lawyer; Tratado Muscogee/Birdtail King; Tratado de Fort Laramie/Nube Roja

5. Jefe Joseph/1904; Caballo Loco/1877; Wokova/1932; Cochise/1874; Sequoyah/1843

Respuestas de identifique las imágenes

1. **Toro Sentado** (*Toro Sentado tenía 59 años cuando fue asesinado mientras los voluntarios de la policía de la agencia india rodeaban su casa y le arrastraban fuera. Le dijeron que estaba bajo arresto y él se entretuvo mientras el ruido despertaba a sus vecinos. Se produjo un intercambio de disparos entre los compañeros lakotas de Toro Sentado y la policía, lo que provocó que recibiera un disparo en el pecho. Esta herida acabó siendo mortal y murió 6 o 7 horas después*).

2. **Jefe Joseph** (*El jefe Joseph se convirtió en el líder de la banda Wallowa del pueblo nez percé en 1871. Dirigió a su tribu durante la guerra Nez Percé en 1877, oponiéndose al ejército de Estados Unidos mientras resistían contra los intentos de obligarles a abandonar sus tierras ancestrales en el noroeste del Pacífico y trasladarse a reservas en Idaho*).

3. **Gerónimo** (*El conflicto de Gerónimo con el gobierno federal de Estados Unidos tuvo su origen en el final de la guerra mexicano-*

estadounidense de 1848. Estados Unidos empezó a reclamar tierras a México y a los apaches, lo que dio lugar a las guerras Apaches que duraron de 1849 a 1924).

4. Metacomet (*Metacomet también era conocido como Rey Felipe, lo que dio su nombre a la guerra del Rey Felipe. Su tribu también participó en las guerras de los Castores, cuando la Confederación Iroquesa intentó hacerse con el monopolio del comercio de pieles en el noreste americano*).

5. Tecumseh (*Tecumseh luchó por conseguir un futuro mejor para su pueblo. Su hermano, Tenskwatawa, inició un movimiento religioso tras ser declarado profeta shawnee, pero fue asesinado en Prophetstown mientras Tecumseh estaba fuera intentando reclutar más aliados para su causa*).

Capítulo 3: Mitos y leyendas: Desentrañando el saber popular de los nativos americanos

Los mitos y leyendas de las culturas de los pueblos indígenas son variados, pero hay elementos compartidos por muchos sistemas de creencias diferentes en Norteamérica. La sabiduría popular tribal puede proporcionarle una visión de sus valores y tradiciones, acercándole a una verdadera comprensión de su forma de vida. Pruebe a hacerse preguntas sobre la mitología indígena norteamericana y las historias transmitidas de generación en generación.

Elección múltiple

1. En la mitología navajo, ¿quién es el hermano gemelo del Cazador de Monstruos?

A. Sun Bearer (Portador del sol)

B. Changing Woman (Mujer cambiante)

C. Born for Water (Nacido para el agua)

D. Sky Carrier (Portador del cielo)

2. ¿Qué animal NO suele ser una figura central en la mitología iroquesa?

A. Oso

B. Lobo

C. Águila

D. Tortuga

3. ¿Cómo se llama la historia cheroqui de la creación?

A. La historia del maíz y la medicina

B. El cuento del ciervo y el lobo

C. El mito del águila corredora

D. La leyenda del jinete sin cabeza

4. ¿Qué animal se considera malicioso y peligroso en la mitología apache?

A. Tigre que gruñe

B. Pitón larga

C. Cuervo al acecho

D. Búho grande

5. En la mitología seminola, ¿quién creó la Vía Láctea?

A. The Great One (El Grande)

B. The Breathmaker (El Creador de Alientos)

C. The Sky Father (El padre del cielo)

D. The Sun King (El Rey Sol)

6. ¿Qué figura es importante en la mitología de muchas tribus nativas americanas del suroeste?

A. Wolf Brother (Hermano lobo)

B. Screaming Eagle (Águila gritona)

C. Spider Grandmother (Abuela araña)

D. Father Elk (Padre Alce)

7. ¿Qué dos hermanos forman un dúo de héroe y embaucador en la mitología Shoshón?

A. Lobo y coyote

B. Oso y castor

C. Ciervo y alce

D. Caballo y cabra

8. ¿El búfalo es una figura central en los relatos mitológicos de qué tribu de las Llanuras?

A. Seminole

B. Cheyene

C. Sioux

D. Iroqués

9. Wisahkeha es un héroe cultural del pueblo sauk, similar a ¿qué héroe de la mitología del pueblo cree?

A. Whisky Jack

B. Wishing Kettle (Tetera de los deseos)

C. Western Howler (Aullador occidental)

D. Wicker John (Mimbrero John)

10. ¿Cuál es el nombre del creador y espíritu del sol en el mito de la creación Hopi?

A. Burla

B. Tawa

C. Senta

D. Fetta

Verdadero o falso

1. El mito iroqués de la creación implica a una mujer del cielo que cayó a la tierra.

- Verdadero
- Falso

2. En la mitología lenape, el creador del mundo, Kishelamàkânk, creó 5 espíritus ayudantes para que le ayudaran en sus esfuerzos.

- Verdadero
- Falso

3. El pueblo Seneca cree que todos los seres vivos tienen alma.

- Verdadero
- Falso

4. La vida después de la muerte de los Lakota es una gran tierra de caza con abundantes animales que son más fáciles de matar que en el plano mortal

- Verdadero
- Falso

5. El pueblo Cheroqui cree que la tierra era originalmente un desierto.

- Verdadero
- Falso

6. En la mitología griega, el Hermano Sol y la Hermana Luna fueron creados por el Maestro del Viento para sostener el mundo.

- Verdadero
- Falso

7. Agloolik es un espíritu de la mitología inuit que es a la vez un protector y un dios maligno.

- Verdadero
- Falso

8. Ōmeteōtl es considerado el dios de la creación en la mitología azteca.

- Verdadero
- Falso

9. La mitología Kwakwaka'wakw cuenta con un gran espíritu conocido como Pájaro del Trueno.

- Verdadero
- Falso

10. En muchos mitos de los nativos americanos, un espíritu antropomorfizado conocido como Coyote asume a menudo el papel de *Trickster*.

- Verdadero
- Falso

Rellene los espacios en blanco

1. La _____ es una ceremonia que suelen realizar las tribus nativas de las llanuras americanas para pedir la sanación de su comunidad.

2. En la mitología navajo, la isla que flota en medio de 4 mares se conoce como _____.

3. El pueblo ho-chunk cree que _____ fue instado a emprender la Gran Migración tras una visión del jefe del pueblo menomini.

4. En la lengua pawnee, Atí'as Tirawa, el nombre de su dios creador, se traduce como _____.

5. Cuando el Gran Espíritu de la mitología cheroqui decidió que se habían creado suficientes humanos, decretó que las mujeres sólo podrían dar a luz _____ por año.

6. Los pueblos indígenas de California creen que los humanos fueron creados a partir de _____blanda.

7. Los mitos de la tribu ute afirman que la Danza del Oso sólo puede tener lugar en la _____.

8. Una muñeca-guerrera era la responsable de liberar los _____ en la mitología aleutiana.

9. El pueblo hopi cree que Pahana, o el Hermano Blanco Perdido, regresará algún día y marcará el comienzo de una era de paz conocida como _____.

10. El cuervo es conocido como una figura embaucadora a menudo implicada en las historias de creación de los pueblos indígenas de la región _____ de Norteamérica.

Correspondencias

1. Empareje los espíritus creadores con las tribus que creen en ellos.

Unetlanvhi	Iroqués
Hahgwehdiyu	Navajo
Kokumthena	Cheroqui
Changing Woman (Mujer cambiante)	Creek
Master of Breath (Maestro del aliento)	Shawnee

2. Empareje la tribu con el animal más frecuentemente asociado a ella.

Lakota	Pájaro del trueno
Kwakwaka'wakw	Bisonte
Meskwaki	Zorro
Shoshón	Lobo
Lenape	Serpiente

3. Empareje a los gemelos mitológicos nativos americanos.

Spring Boy (Chico de la primavera)	Thrown Away (Tirado)
Lodge boy (Chico de la cabaña)	Curtain Boy (El chico de las cortinas)
Sky Holder (Portacielos)	Flint (Sílex)
Monster Slayer (Cazador de monstruos)	Lightning (Rayo)
Thunder (Trueno)	Boy for Water (Chico del agua)

4. Empareje el título de los chamanes con las tribus que los utilizan.

Angakkuq	Kwakwaka'wakw
Kennekuk	Seminole
Quesalid	Lakota
Hillis Hiya	Kikapú
Wičháša Wakȟáŋ	Inuit

5. Empareje a cada curandero notable con su tribu.

Tenskwatawa   Paiute

Popé   Lenape

Neolin   Pueblo

John Slocum   Lakota

Wokova   Tribu de la isla Squaxin

Identifique las imágenes

1. Se trata de un símbolo que representa a esta diosa Pawnee de la tierra.

Respuesta: _____

2. La estatua representa a un guerrero iroqués montado sobre este gran espíritu de la mitología de la tribu.

Respuesta: _____

3. Ésta es una fotografía de la ceremonia religiosa indígena americana central de un movimiento espiritual establecido por el líder paiute Wovoka a finales del siglo XIX.

Respuesta: _____

Representación de dos hermanos gemelos del mito de la creación navajo.

4. Se trata de una representación estilística de estos hermanos gemelos del mito de la creación navajo.

Respuesta: _____

El gran espíritu dragón Gaasyendietha.

5. Se dice que el gran espíritu dragón Gaasyendietha de la mitología de esta tribu nativa americana habitan en el lago Ontario.

Respuesta: _____

Clave de respuestas

Respuestas de opción múltiple

1. C. Nacido para el Agua (*Nacido para el Agua es considerado un señor de la oscuridad, mientras que Cazador de Monstruos es un señor de la luz. La idea de los gemelos y la dualidad contrastada es un tema común en muchas mitologías culturales*).

2. C. Águila (*Los nueve animales centrales de la mitología iroquesa son el oso, el castor, el ciervo, la anguila, el halcón, la garza, el gallinago, la tortuga y el lobo. La tortuga es una figura principal en su mito de la creación, y los nueve clanes de los cayuga están representados en su caparazón*).

3. A. La Historia del Maíz y la Medicina (*En la* Historia del Maíz y la Medicina, *"Maíz" era el nombre dado a Selu, un humano primitivo implicado en el mito de la creación. La "Medicina" se refería al hecho de que muchas plantas pueden proporcionar curas para diferentes enfermedades*).

4. D. Gran Búho (*El Gran Búho se utilizaba como monstruo para asustar a los niños en la cultura apache, similar al hombre del saco. Podía transformarse entre un búho gigante y un ogro devorador de hombres para causar travesuras, robando niños y llevándoselos a su guarida para devorarlos*).

5. B. El Creador de alientos (*El mito seminola de la creación afirma que El Creador de alientos sopló hacia el cielo y formó la Vía Láctea. Las estrellas de la Vía Láctea conducen a la Ciudad del Oeste, adonde van las almas de los viejos nativos americanos cuando mueren*).

6. C. La Abuela Araña (*La Abuela Araña es una de las figuras implicadas en la creación del mundo. A veces se la identifica como una Madre Tierra y siempre es un espíritu bueno que ayuda a guiar a los seres humanos y ofrece bendiciones o ayuda cuando es necesario*).

7. A. El Lobo y el Coyote (*En la mitología Shoshón, el Lobo es un héroe cultural, mientras que el Coyote es su hermano y un embaucador. Sin embargo, el Coyote no es malvado: ayuda a su hermano a hacer el bien, pero es simplemente irresponsable y travieso*).

8. B. Cheyene (*Los cheyene tienen dos leyendas importantes relacionadas con el búfalo: El origen del búfalo y cómo empezó la caza del búfalo. El búfalo y el bisonte eran esenciales para la cultura cheyene, no* sólo como fuentes de alimentos y otras materias primas, sino como figuras espirituales en sus prácticas religiosas).

9. A. Whiskey Jack (*Tanto Wisahkeha como Whiskey Jack son responsables de una gran inundación que destruyó todo el planeta. Creó los animales y los diferentes accidentes geográficos utilizando poderes que le otorgó el Creador*).

10. B. Tawa (*En el mito hopi de la creación, Tawa formó todo a partir de Tokpella, o "el espacio sin fin". Su creación se conocía como el "Primer Mundo" e incluía tanto las tierras como a quienes las habitaban*).

Respuestas de verdadero o falso

1. Cierto (*Atahensic, también conocida como la Mujer del Cielo, cayó del cielo a la tierra como parte del mito de la creación iroquesa. Es una figura de la fertilidad que trajo la vida a las tierras, incluso dando maíz a los primeros humanos*).

2. Falso (Kishelamàkânk creó 4 espíritus ayudantes: *los Abuelos del Norte, Oeste y Este, y la Abuela del Sur. Forjaron la tierra según las especificaciones exactas del sueño original del mundo de Kishelamàkânk*).

3. Verdadero (*Según la mitología seneca, todo ser vivo posee un alma. Esto incluye a los humanos, los animales y los insectos. Muchos grandes espíritus adoptan la forma de animales e insectos para interactuar con los nativos americanos*).

4. Verdadero (*Los lakota creen que el más allá se parece al mundo mortal, pero es más hermoso y contiene mucha vegetación virgen. Los animales, especialmente los búfalos, vagan en grandes manadas y pueden ser abatidos fácilmente. Su "tierra de caza feliz" no es muy diferente del concepto de la Caza Salvaje de la mitología pagana germánica*).

5. Falso (*La mitología cheroqui afirma que el mundo originalmente no era más que agua. Las criaturas vivían en el cielo y enviaron al Escarabajo de Agua a buscar un lugar donde pudieran vivir. Se sumergió en el fondo del mar y levantó barro hasta que creó tierra para las demás criaturas*).

6. Falso (*En la mitología griega, el Maestro del Aliento creó a la Hermana Sol y al Hermano Luna para sostener el mundo. La Serpiente Cornuda se apareó con la Hermana Sol para dar a luz a los primeros humanos. Éstos fueron los héroes legendarios creek, el Cazador Afortunado y la Mujer de Maíz*).

7. Verdadero (*Agloolik es considerado el protector de las focas, duerme bajo el hielo y guía a los vagabundos mientras cazan y pescan. Sin embargo, también es un dios maligno que vaga por los mares y ataca a los marineros desprevenidos volcando sus barcos*).

8. Verdadero (*Ōmeteōtl se cree que es el creador de todas las cosas en la mitología azteca. Es un dios dual surgido de la unión de Tonacatecuhtli y Tonacacíhuatl. Juntos, dieron a luz a 4 poderosos hijos: Tezcatlipoca, el dios del cielo nocturno, las tormentas y el caos terrenal; Xipe Tótec, el dios de las estaciones y de todas las cosas que crecen en la tierra; Quetzalcóatl, el dios del aire, el viento, el conocimiento y las artesanías; y Huitzilopochtli, el dios patrón de la capital del imperio azteca y el dios de la guerra*).

9. Verdadero (*Se dice que el Ave del Trueno es la responsable de las tormentas eléctricas. Es el batir de las alas del Ave del Trueno lo que provoca el retumbar de los truenos y los destellos de sus ojos lo que crea los relámpagos*).

10. Verdadero (*El coyote ocupa a menudo en los mitos de los nativos americanos una posición similar a la de Loki de la mitología nórdica. No es necesariamente un espíritu maligno, pero su picardía e ingenio le hacen vejar a muchos de aquellos con los que interactúa*).

Respuestas a las preguntas de rellenar los espacios en blanco

1. Danza del Sol (*Durante la ceremonia de la Danza del Sol, los miembros de la tribu realizan sacrificios personales para obtener bendiciones de los espíritus. Esto se hace para ayudar a traer energía de sanación a la comunidad en lugar de pedir bendiciones individuales como en otras culturas*).

2. Primer Mundo (*El Primer Mundo también es conocido como el Mundo Oscuro. Se dice que fue el primero de los 4 mundos míticos que acabaron convirtiéndose en el que vivimos. Cada iteración de los 4 mundos evolucionó y mejoró hasta convertirse en el escenario perfecto para que prosperara la vida*).

3. Clan del Oso (*Se dice que el Clan del Oso era una de las tribus nativas americanas originales. Se hicieron amigos de la tribu menomini y finalmente acataron las órdenes de su jefe para que los pueblos aliados recogieran sus provisiones y esperaran a que un nuevo gran jefe emergiera* *del lago Michigan. Este nuevo jefe los condujo a todos a una nueva tierra).*

4. "Nuestro Padre de Arriba" (*Atí' as Tirawa es considerado el primer gran espíritu de la creación. Su esposa era Atira, la diosa de la tierra, y su nombre significa "Madre Maíz". Su hijo era la Estrella Matutina de Oriente, un dios de la guerra, y su hija la Estrella Vespertina de Occidente. De la unión de estos vástagos nacieron los primeros humanos: los Pawnee. Atí' as Tirawa enseñó a los pawnee a cazar, cultivar, construir, tejer, hablar y tatuarse la piel).*

5. Una vez (*Para dar a luz por primera vez, el primer hombre pescó un pez y lo apretó contra el estómago de la primera mujer. Ella dio a luz entonces al primer ser humano nacido de forma natural. El primer hombre repitió el proceso, y así lo hicieron durante 7 días, dando a luz cada vez que se presionaba un pescado contra el estómago de la primera mujer. Fue después de que el Gran Espíritu viera que había suficientes humanos para que la tribu sobreviviera cuando limitó a las mujeres a dar a luz una vez al año).*

6. Arcilla (*En la historia de la creación de los pueblos indígenas de California, el creador es conocido como el Hacedor de la Tierra. Formó a los primeros humanos con arcilla blanda y utilizó su propio aliento para darles vida. Además de los humanos, el Hacedor de la Tierra también creó la tierra, el agua, los animales y el ciclo del día y la noche).*

7. Primavera (*La Danza del Oso dice que el Oso duerme durante el invierno, escondiéndose mientras la nieve cubre la tierra. En primavera, una vez que la nieve se ha derretido, el Oso emerge y utiliza un árbol para ponerse sobre sus patas traseras. Entonces comienza a bailar y a cantar un alegre coro. La tribu ute imita esta danza en primavera, pero está prohibido realizar la Danza del Oso durante el invierno, el verano o el otoño).*

8. Vientos (*El mito aleutiano conocido como El origen de los vientos cuenta cómo un marido y su mujer deseaban tener un hijo, pero no podían concebir. En una visión onírica, la esposa vio a Igaluk, el Espíritu de la Luna, conduciendo un trineo tirado por perros. Le ordenó que hiciera una muñeca con un gran tronco de árbol. Cuando la esposa despertó, le contó el sueño a su marido, y él talló un niño pequeño del tronco del árbol mientras su esposa le hacía ropa con piel de foca. El muñeco cobró vida por la noche y encontró un agujero en el cielo. Lo cubrió con la piel de foca, haciendo que el aire lo llenara. Cuando el muñeco cortó la piel, los vientos se precipitaron y surcaron los cielos).*

9. **Quinto Mundo** (*Los Hopi creen que actualmente vivimos en el Cuarto Mundo. Cuando Pahana regrese, traerá una nueva era utópica de paz y prosperidad. Los Hopi entierran a sus muertos mirando hacia el este en previsión del regreso de Pahana*).

10. **Noroeste del Pacífico** (*El cuervo está implicado en los mitos de la creación de los pueblos indígenas del noroeste del Pacífico. Estas historias se llaman "Cuentos del Cuervo" y transmiten información cultural importante. Se considera una falta de respeto volver a contar los Cuentos del Cuervo de un grupo determinado sin su permiso*).

Respuestas de las preguntas de emparejamiento

1. Unetlanvhi/Cheroqui; Hahgwehdiyu/Iroqueses; Kokumthena/Shawnee; Mujer Cambiante/Navajo; Maestro del Aliento/Creek

2. Lakota/Bisonte; Kwakwaka'wakw/Pájaro trueno; Meskwaki/Lobo; Shoshón/Serpiente; Lenape/Lobo

3. Chico de la primavera/Chico de la cortina; Chico de la cabaña/Tirado; Portador del cielo/Sílex; Cazador de monstruos/Chico del agua; Trueno/Rayo

4. Angakkuq/Inuit; Kennekuk/Kikapú; Quesalid/Kwakwaka'wakw; Hillis Hiya/Seminole; Wičháša Wakȟáŋ/Lakota

5. Tenskwatawa/Lakota; Popé/Pueblo; Neolin/Lenape; John Sclocum/Tribu de la Isla Squaxin; Wokova/Paiute

Respuestas de identifique las imágenes

1. **Atira** (*La mitología Pawnee sostiene que Atira es la esposa de Atí'as Tirawa, el creador de todas las cosas. Debido al apodo de Atira de "Madre Maíz", a menudo se la relaciona simbólicamente con el maíz. El artefacto mostrado también está pintado para representar el viento, la lluvia, el trueno y el relámpago*).

2. **Gran Tortuga** (*La Gran Tortuga es una figura mitológica de la cultura iroquesa encargada de mantener firme el mundo entero sobre su espalda. Cada vez que cambia de posición, las tierras tiemblan y se producen grandes catástrofes naturales*).

3. **Danza de los espíritus** (*La Danza de los espíritus se realizaba para reunir a los espíritus difuntos con los vivos camaradas y conseguir que lucharan en nombre de los nativos americanos. El objetivo final era poner fin a la expansión hacia el oeste de Estados Unidos, especialmente a la*

práctica de reubicar por la fuerza a los pueblos indígenas de sus hogares nativos a reservas).

4. Cazador de monstruos y Nacido para el agua (*Los héroes gemelos del mito de la creación navajo son hijos del Portador del Sol y de la Mujer Cambiante. Para demostrar su valía a su padre, los gemelos emprenden un peligroso viaje para conocerle en persona. Tras llegar hasta el Portador del Sol, se les conceden conocimientos y poder que utilizan para luchar contra los monstruos que asolan a su pueblo).*

5. Seneca (*Gaasyendietha es una enorme serpiente alada que acecha bajo la superficie del lago Ontario. También puede alzar el vuelo y escupir fuego por sus fauces abiertas, aterrorizando a los habitantes de la tribu Seneca. Según la leyenda, Gaasyendietha llegó a la Tierra en un meteoroide que cayó del cielo hace miles de años).*

Capítulo 4: Bailar al compás: Arte y música de los nativos americanos

El arte y la música son esenciales para cualquier cultura, y los nativos americanos no son diferentes. Tienen una larga historia de muchas formas artísticas y piezas musicales increíbles que han resistido la prueba del tiempo. Cada tribu tiene sus propios nichos en cuanto a las obras artísticas y canciones que crea. Enriquezca su espíritu respondiendo a estas preguntas sobre el arte y la música producidos por los pueblos indígenas de Norteamérica.

Elección múltiple

1. ¿Qué artista nativa americana de la tribu Pomo fue famosa por su talento para tejer cestas?

    A. Sarah Pie Ligero

    B. Mary Knight Benson

    C. Flying Eagle (Águila voladora)

    D. Inara Serra

2. ¿Cuál de estas afirmaciones NO es cierta sobre los tótems de los nativos americanos?

    A. Se utilizan principalmente con fines espirituales

    B. Las tribus del noreste de Estados Unidos las crearon

    C. A menudo cuentan historias o representan el linaje familiar

    D. Cada figura de un tótem tiene un significado específico

---

3. ¿Qué tipo de instrumento forma parte de la música tradicional de los nativos americanos?

A. Guitarra eléctrica

B. Piano

C. Clavecín

D. Tambores

4. ¿Qué tribu nativa americana es conocida por su cerámica?

A. Mohawk

B. Powhatan

C. Hopi

D. Seminole

5. ¿Qué flautista cheyene consiguió que su álbum *Cheyene Nation fuera* nominado a un premio Grammy en 2001?

A. Joseph Cuervo de Fuego

B. Andrew Brachens

C. Eagle Eye Cherry

D. Daniel Blackstone

6. ¿Qué jefe sioux lakota y santón luchó en la batalla de la Greasy Grass y pintó un relato del conflicto más de 20 años después?

A. Running Elk (Alce corredor)

B. Spotted Puma (Puma manchado)

C. Kicking Bear (Oso pateador)

D. Towering Oak (Roble majestuoso)

7. ¿Qué escultor de madera contemporáneo del pueblo kwakwaka'wakw ayudó a su padre y a su abuelo a crear uno de los tótems más altos del mundo?

A. Beau Dick

B. Everett Sanderson

C. David Carridine

D. Warren Michael Smith, Jr.

8. ¿Qué tribu nativa americana creía que sus tatuajes ornamentados ofrecían poderes de sanación y protección contra los malos espíritus?

A. Cheroqui

B. Pawnee

C. Kikapú

D. Iroqués

9. ¿Qué forma de arte nativo americano se utilizaba en ceremonias religiosas y con fines prácticos y cotidianos?

A. Máscaras

B. Cestas

C. Tótems

D. Baile rítmico

10. ¿Quién fue el primer platero conocido del pueblo navajo?

A. Tapping Squirrel (Ardilla golpeadora)

B. William Daniel Freeman

C. Atsidi Sani

D. Joseph Greenhill

Verdadero o falso

1. El escultor pueblo Cliff Fragua es el único nativo americano cuya obra se exhibe en la Sala Nacional de Estatuas del Capitolio de Estados Unidos.

- Verdadero
- Falso

2. El trabajo con abalorios de los nativos americanos utilizaba materiales como el vidrio, la plata y las semillas antes de la llegada de los colonos europeos.

- Verdadero
- Falso

3. La Danza del Sol era una importante ceremonia religiosa de la cultura Pueblo.

- Verdadero
- Falso

4. Tahnee Ahtoneharjo-Growingthunder es una artesana de abalorios del pueblo kiowa que ayudó a que se aprobara la Ley de Artesanía Indígena de 1990.

- Verdadero
- Falso

5. La pintura sobre piel de los nativos americanos se utilizaba en el exterior de los tipis.

- Verdadero
- Falso

6. Los atrapasueños tienen su origen en la tribu seminola de Florida.

- Verdadero
- Falso

7. Las pinturas rupestres de Monte Alegre en la Caverna da Pedra Pintada son los ejemplos más antiguos conocidos de obras de arte de los nativos americanos.

- Verdadero
- Falso

8. La música nativa americana en la industria moderna del entretenimiento se conoce como "songscapes".

- Verdadero
- Falso

9. Los Pawnee son conocidos por sus ropas y accesorios intrincadamente decorados.

- Verdadero
- Falso

10. El objeto pintado más antiguo que se conoce es un cráneo de bisonte con un zig-zag rojo.

- Verdadero
- Falso

Comparar y contrastar

Abalorios Sioux:	Abalorios Navajo:

1. ¿Qué similitudes y diferencias puede observar entre el trabajo con abalorios de los sioux y los navajos? (Encierre en un círculo todas las que correspondan)

- Color
- Forma
- Patrones
- Materiales
- Talla
- Peso

Cerámica Hohokum:	Cerámica Pueblo:

2. ¿Qué similitudes y diferencias puede observar entre la cerámica Hohokum y la Pueblo? (Marque con un círculo todas las que correspondan)

- Color
- Forma
- Patrones
- Materiales
- Talla
- Peso

Cuenco Apache:	Cuenco Hopi:

3. ¿Qué similitudes y diferencias puede observar entre el cuenco apache y el cuenco hopi? (Marque con un círculo todas las que correspondan)

- Color
- Forma
- Patrones
- Materiales
- Talla
- Peso

Máscara Kwakwaka'wakw:	Máscara Cheroqui:

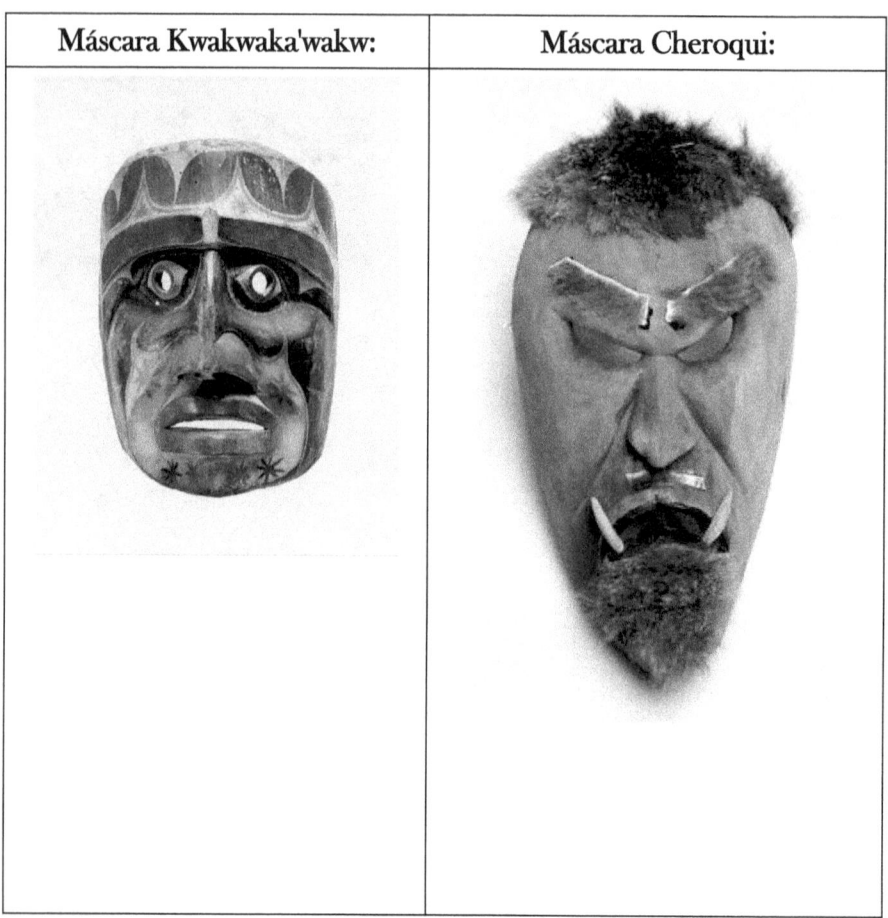

4. ¿Qué similitudes y diferencias puede observar entre las máscaras kwakwaka'wakw y cheroqui? (Encierre en un círculo todas las que correspondan)

- Color
- Forma
- Patrones
- Materiales
- Talla
- Peso

Talla de madera Salish:	Talla de madera Haida:

5. ¿Qué similitudes y diferencias puede observar entre las tallas de madera salish y haida? (Encierre en un círculo todas las que correspondan)

- Color
- Forma
- Patrones
- Materiales
- Talla
- Peso

Identifique las imágenes

Guerrier Iroquois

1. ¿Qué tipo de arte hay en su cuerpo y con qué tribu está más estrechamente relacionado?

Respuesta: _____

2. ¿Cómo se llama y qué tribu está más estrechamente asociada a ella?

Respuesta: _____

3. ¿De qué tipo de arte se trata y qué tribu está más estrechamente relacionada con él?

Respuesta: _____

4. ¿De qué tipo de arte se trata y qué tribu está más estrechamente relacionada con él?

Respuesta: _____

5. ¿De qué tipo de arte se trata y qué tribu está más estrechamente relacionada con él?

Respuesta: _ _ _ _ _ _ _ _ _ _ _ _ _ _ _ _ _ _

6. ¿De qué tipo de arte se trata y qué tribu está más estrechamente relacionada con él?

Respuesta: _____

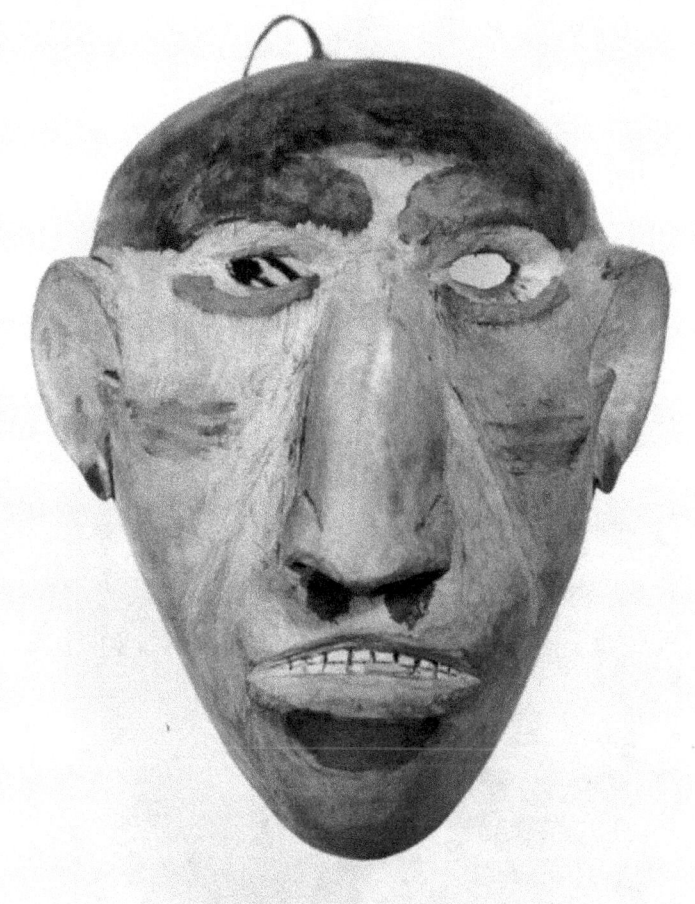

7. ¿De qué tipo de arte se trata y qué tribu está más estrechamente relacionada con él?

Respuesta: _____

8. ¿Qué tipo de arte lleva este hombre en el pecho y con qué tribu está más estrechamente relacionado?

Respuesta: _____

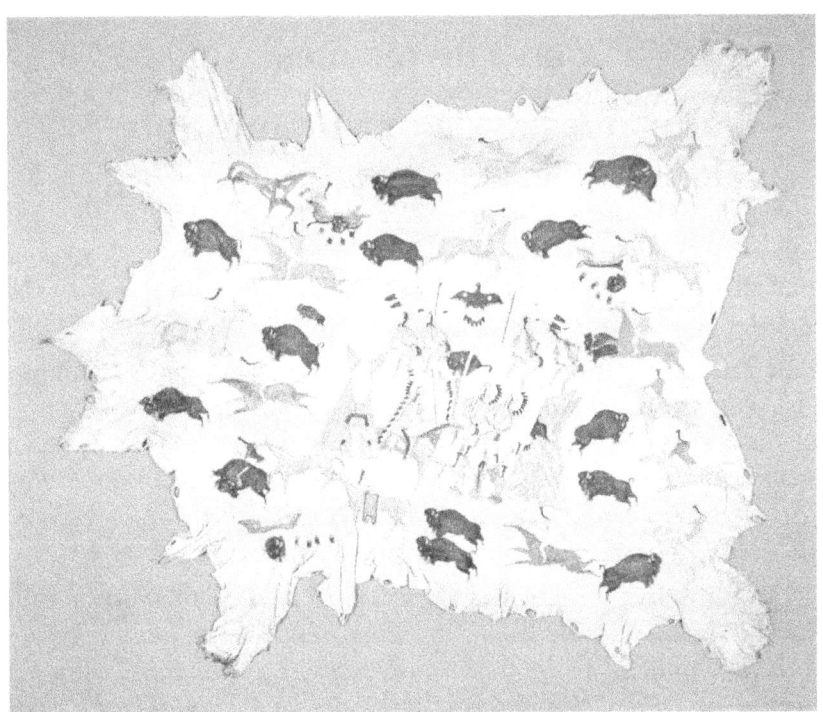

9. ¿De qué tipo de arte se trata y qué tribu está más estrechamente relacionada con él?

Respuesta: _____

Clave de respuestas

Respuestas de opción múltiple

1. B. Mary Knight Benson (*El pueblo pomo es originario de California y Mary Knight Benson nació entre ellos en 1877. Rápidamente demostró ser una maestra artesana de la cestería. A lo largo de su vida, viajó por todo el país con su marido, William Ralganal Benson, para mostrar sus habilidades y exhibir sus mercancías a un público adorador*).

2. B. Fueron creados por tribus del noreste de Estados Unidos (Los tótems *eran originalmente un producto de los pueblos indígenas que vivían en las regiones del noroeste del Pacífico y la costa noroeste de Norteamérica. Tras la llegada de los expansionistas estadounidenses, los tótems fueron sacados de su contexto original y exhibidos de forma inexacta como objetos de exposición para los turistas*).

3. D. Tambores (*La mayor parte de la música tradicional indígena americana incluye voces, flautas y tambores. La limitada selección de instrumentos nunca ha supuesto un obstáculo para los músicos indígenas, ya que sus canciones han demostrado contener profundidades increíbles utilizando sólo lo que tienen a su alcance*).

4. C. Hopi (*Los hopi y otras tribus del suroeste son conocidos por su hermosa cerámica. La mayoría de estas piezas se fabricaron con arcilla local y luego se vidriaron y cocieron utilizando técnicas desarrolladas por las tribus a lo largo de miles de años*).

5. A. Joseph Fire Crow (*Además de su nominación a los Grammy, Joseph Fire Crow recibió el premio NAMA (Native American Music Awards) al "Compositor del año" en 2003. También ganó el NAMA al "Flautista del año" en 2006, y su música apareció en el documental de Ken Burns sobre Lewis y Clark*).

6. C. Oso pateador (*Oso pateador era hermano de Halcón Volador y primo hermano de Caballo Loco. Luchó junto a su primo e incluso sacrificó sangre y carne por Caballo Loco durante la Última Danza del Sol de 1877. El talento de Oso pateador como pintor hizo que su colega Frederic Remington le pidiera un cuadro de la batalla de Greasy Grass en 1898*).

7. A. Beau Dick (*Beau Dick aprendió el oficio de tallador de madera de su padre y su abuelo, ayudándoles a tallar uno de los tótems más altos del mundo. Se encuentra en Alert Bay, en la isla de Vancouver, en la*

Columbia Británica *(Canadá), donde vive desde hace muchos años la tribu kwakwaka'wakw).*

8. D. Iroqueses (*Los tatuajes de los iroqueses a menudo representan manitus, o espíritus buenos que se cree que protegen a la gente y ayudan a sanar sus cuerpos, mentes y almas. Estos tatuajes se aplicaban sobre articulaciones lesionadas o huesos rotos para animarlos a curarse más rápidamente. Se consideraba que los guerreros iroqueses con muchos tatuajes habían sufrido y superado un dolor importante para hacerse mucho más fuertes que antes).*

9. B. Cestas (*Las cestas intrincadamente tejidas se creaban para su uso en ceremonias religiosas, pero también se utilizaban para almacenar alimentos y otros artículos en la vida cotidiana de los nativos americanos. Los tejedores de cestas eran apreciados por sus habilidades, y el oficio de fabricar estos artículos al estilo de los nativos americanos aún se enseña entre los miembros de muchos pueblos indígenas de toda Norteamérica).*

10. C. Atsidi Sani (*Atsidi Sani fue un herrero navajo del siglo XIX que aprendió el oficio de orfebre en 1853. Se convirtió en jefe de la tribu en 1858 mientras su pueblo estaba retenido en Fort Defiance. Su habilidad para trabajar el metal y la plata le valió con el tiempo el apodo de "Viejo Smith", y siguió ejerciendo su oficio hasta el final de su vida).*

Respuestas de verdadero o falso

1. Verdadero (*Cliff Fragua creó una estatua del líder y revolucionario Pueblo Popé realizada en mármol de Tennessee y de 3 metros de altura. Se instaló en 2005, convirtiéndose en la primera obra de un nativo americano en la Sala Nacional de Estatuas. La estatua es la segunda obra que representa la cultura de Nuevo México y fue la última estatua de la colección de 100 piezas añadidas).*

2. Falso (*Antes de la llegada de los colonos europeos, los trabajos de abalorios de los indígenas norteamericanos utilizaban materiales como huesos, conchas, dendritas y garras. Otros materiales como el vidrio, las semillas y los metales preciosos se incorporaron después de que los pueblos indígenas de Norteamérica fueran introducidos por los colonos europeos que trajeron los conocimientos para fabricar esos materiales en el siglo XVII).*

3. Falso (*La Danza del Sol era una importante ceremonia religiosa de las tribus de las Llanuras, incluidos los cheyenes, los pies negros, los cree, los crow y los lakota. Fue prohibida por el gobierno de Estados Unidos en*

1883 como parte de un esfuerzo por imponer el cristianismo a los nativos americanos. En 1934, se derogó la prohibición, lo que permitió a las tribus de las Llanuras volver a realizar la Danza del Sol).

4. True (*Tahnee Ahtoneharjo-Growingthunder forma parte del pueblo kiowa, pero también tiene ascendencia de las tribus seminola y muscogee. De 1978 a 1980 fue presidente de la tribu kiowa y trabajó como administrador del Departamento del Interior de Estados Unidos. Además de la Ley de Artesanía India de 1990, ayudó a aprobar la Ley de Libertad Religiosa de los Indios Americanos en 1978).*

5. Verdadero (*La pintura de pieles era empleada por las tribus nativas de las llanuras americanas. Además de los tipis, las pieles de animales pintadas también se utilizaban para fabricar tambores, escudos, ropa, túnicas y condes de invierno).*

6. Falso (*Los atrapasueños tienen su origen en el pueblo chippewa, que vivía en el sur de Canadá y en la parte superior del Medio Oeste y las Llanuras del Norte de Estados Unidos. Se fabricaban para imitar las telarañas tejidas por la Mujer Araña de la mitología chippewa).*

7. Verdadero (*Las pinturas rupestres de Monte Alegre son petroglifos datados entre 9250 a. C. y 8550 a. C. aproximadamente. Se encuentran en Brasil y probablemente proceden de uno de los pueblos indígenas precolombinos que vivían en América en aquella época).*

8. Cierto (*"Songscapes" utiliza instrumentos y técnicas musicales tradicionales de los nativos americanos para trasladar a los medios modernos el tipo de canciones que habrían creado las tribus de generaciones anteriores. Utilizan el mismo estilo de canto que los pueblos indígenas y limitan los instrumentos a tambores, maracas y flautas, tal y como se habrían utilizado en el pasado).*

9. Falso (*El pueblo lenape es conocido por confeccionar hermosas prendas y accesorios con diversas materias primas. Sus coloridos y ornamentados atuendos impresionaron a los colonos europeos que entraron en contacto con ellos por primera vez, lo que dio lugar a ofertas de comercio para comprar las capas, mantos, mocasines, pantalones y camisas expertamente confeccionados).*

10. Verdadero (*El cráneo de bisonte pintado fue descubierto en el Cooper Bison Kill Site, una excavación arqueológica en el condado de Harper, Oklahoma. El cráneo ha sido datado entre 10.800 a. C. y 10.200 a. C.).*

Respuestas de comparar y contrastar

1. Color, patrones, materiales
2. Forma, material, tamaño
3. Material, tamaño, forma
4. Color, tamaño, materiales, peso
5. Color, material

Respuestas de identifique las imágenes

1. Tatuaje e iroqueses
2. Atrapasueños y Chippewa
3. Cestería y Hopi
4. Petroglifos y Anasazi (Pueblo ancestral)
5. Ghost Shirt (Camisa fantasma) y Lakota
6. Mocasines y Osage
7. Máscara y Cheroqui
8. Sash y Seminole
9. Pintura de pieles y Shoshón

Capítulo 5: Tapiz tribal: ¿Puede identificar la tribu o la nación?

Con tantas tribus diferentes en todo el continente, la cultura de los nativos americanos es como un hermoso tapiz tejido a partir de las ideas y costumbres interconectadas que comparten entre sí. Profundizando en la cultura de cada tribu, podrá aprender en qué se parecen y en qué se diferencian. Tómese su tiempo para descubrir más sobre las tribus nativas americanas y las características individuales que las hacen únicas.

Desafío cronológico

1. Ordene estas tribus de la más antigua a la más reciente:

    1. Navajo

    2. Hopi

    3. Seminole

    4. Sioux

    2. Ordene estos pueblos indígenas precolombinos del más antiguo al más reciente:

    1. La cultura Clovis

    2. La cultura misisipiana

    3. La cultura Hopewell

    4. El pueblo de Whittlesey

3. Ordene a estos famosos líderes lakota del más antiguo al más reciente:

1. Oso pateador

2. Toro Sentado

3. Nube Roja

4. Caballo Loco

4. Ordene estos tratados entre la Confederación Iroquesa y las colonias inglesas del más antiguo al más reciente:

1. Tratado de Logg's Town

2. Tratado de Lancaster

3. Tratado de Fort Stanwix

4. Tratado de Albany

5. Ordene estos conflictos militares del pueblo sioux del más antiguo al más reciente:

1. Guerra de Black Hills

2. Masacre de Wounded Knee

3. Batalla de Little Bighorn

4. La guerra de Nube Roja

¿Quién lo dijo?

1. "Muestre respeto a todas las personas, pero no se rebaje ante ninguna".

A. Tecumseh

B. Caballo Loco

C. Running Bear (Oso corredor)

D. Little Foot (Pie Pequeño)

2. "A veces los sueños son más sabios que la vigilia".

A. Nube Roja

B. Hiawatha

C. Pocahontas

D. Alce Negro

3. "El secreto de nuestro éxito es que nunca, nunca nos rendimos".

A. Jefe Joseph

B. Wilma Mankiller

C. Alce moteado

D. Toro Sentado

4. "Sólo tenemos una tierra. Cuidémosla".

A. Marcus Weir

B. Sandra Redstone

C. Arnaud Enrichstein

D. Deb Haaland

5. "Si tenemos que morir, moriremos defendiendo nuestros derechos".

A. Toro Sentado

B. Nube Roja

C. Caballo Loco

D. Racing Eagle (Águila de carreras)

6. "No hacen falta muchas palabras para decir la verdad".

A. Walter Longmire

B. Sarah Haldeman

C. Jefe Joseph

D. Sequoyah

7. "Esa mano no es del color de la tuya, pero si la pincho, la sangre fluirá y sentiré dolor. La sangre es del mismo color que la tuya. Dios me hizo y soy un Hombre".

A. Gerald Hardwick

B. Standing Bear (Oso erguido)

C. Iron Fist (Puño de Hierro)

D. Rodney Cassel

8. "No creo que la medida de una civilización sea lo altos que son sus edificios de hormigón, sino lo bien que su gente ha aprendido a relacionarse con su entorno y sus semejantes".

A. Sky Maker (Creador de cielos)

B. Chief Lawyer (Abogado jefe)

C. Alan Greenspan

D. Sun Bear (Oso del sol)

9. "No existe la muerte. Sólo un cambio de mundos".

A. Fighting Bear (Oso luchador)

B. Chief Seattle (Jefe Seattle)

C. Nube Roja

D. Toro Sentado

10. "Cuando un ejército blanco lucha contra los indios y gana, se le llama una gran victoria, pero si pierden, se le llama masacre".

A. Chiksika

B. Tecumseh

C. Alce moteado

D. Wilma Mankiller

Verdadero o falso

1. La tribu apache vivía tradicionalmente en el sureste de Estados Unidos.

- Verdadero
- Falso

2. La Confederación Iroquesa está formada por siete tribus diferentes.

- Verdadero
- Falso

3. Hay siete subtribus del pueblo Lakota.

- Verdadero
- Falso

4. El estado de Utah debe su nombre al pueblo ute que vivía en esa región.

- Verdadero
- Falso

5. Las tribus cheyene y arapajó eran tradicionalmente enemigas.

- Verdadero
- Falso

6. El pueblo chickasaw fue uno de los que se vieron obligados a soportar el Sendero de las Lágrimas.

- Verdadero
- Falso

7. El ejército de Estados Unidos llevó a cabo la masacre de Wounded Knee contra el pueblo lakota.

- Verdadero
- Falso

8. La tribu creek era miembro de una alianza entre tribus de las llanuras conocida como la Confederación del Hierro.

- Verdadero
- Falso

9. Los hopi, al igual que los pueblo, descienden de los anasazi.

- Verdadero
- Falso

10. El gobierno de Estados Unidos considera a la tribu Massachusett funcionalmente extinta.

- Verdadero
- Falso

Correspondencias

1. Empareje la tribu nativa americana con su lengua materna predominante.

Seneca	Lenguas atapascas
Lenape	Lenguas iroquesas
Navajo	Lenguas muskogi
Lakota	Lenguas algonquinas
Chickasaw	Lenguas sioux

2. Empareje la tribu nativa americana con su reserva reconocida por el gobierno federal.

Cheroqui	Reserva de Fort Hall
Hopi	Reserva india del río Colorado
Lakota	Reserva de Colville
Nez Percé	Reserva del río Cheyene
Shoshón	Límite de Qualla

3. Empareje las guerras Indias Americanas notables con las tribus nativas americanas que lucharon en ellas.

Las guerras de los Castores	Lenape
La guerra de Kieft	Iroqués
La guerra del rey Felipe	Munsee
La guerra del melocotón	Shawnee
La guerra de Lord Dunmore	Wampanoag

4. Empareje la tribu nativa americana con el invento por el que son conocidos.

Inuit	Biberones
Sioux	Anticonceptivos orales
Shoshón	Pipa de tabaco
Iroqués	Kayak
Algonquin	Analgésicos

5. Empareje la tribu nativa americana con su población total actual.

Choctaw   158,774

Navajo   729,533

Cheroqui   96,833

Apache   298,197

Sioux   153,360

Identifique las imágenes

1. Nombre el tipo de vivienda que se muestra y el pueblo nativo americano más estrechamente relacionado con ella.

Respuesta: _____

2. Nombre el tipo de vivienda que se muestra y el pueblo nativo americano más estrechamente relacionado con ella.

Respuesta: _____

3. Nombre el tipo de vivienda que se muestra y el pueblo nativo americano más estrechamente relacionado con ella.

Respuesta: _____

4. Nombre el tipo de vivienda que se muestra y el pueblo nativo americano más estrechamente relacionado con ella.

Respuesta: _____

5. Nombre el tipo de vivienda que se muestra y el pueblo nativo americano más estrechamente relacionado con ella.

Respuesta: _____

6. Nombre el tipo de vivienda que se muestra y el pueblo nativo americano más estrechamente relacionado con ella.

Respuesta: _____

7. Nombre el tipo de vivienda que se muestra y el pueblo nativo americano más estrechamente relacionado con ella.

Respuesta: _____

8. Nombre el tipo de vivienda que se muestra y el pueblo nativo americano más estrechamente relacionado con ella.

Respuesta: _____

9. Nombre el tipo de vivienda que se muestra y el pueblo nativo americano más estrechamente relacionado con ella.

Respuesta: _____

10. Nombre el tipo de vivienda que se muestra y el pueblo nativo americano más estrechamente relacionado con ella.

Respuesta: _____

Clave de respuestas

Respuestas al desafío de la cronología de tiempo

1. Sioux, Hopi, Navajo, Seminola

2. Cultura Clovis, cultura Hopewell, cultura Misisipiana, pueblo Whittlesey

3. Toro Sentado, Caballo Loco, Nube Roja, Oso Pateador

4. Tratado de Albany (1722), Tratado de Lancaster (1744), Tratado de Logg's Town (1752),

Tratado de Fort Stanwix (1784)

5. Guerra de Nube Roja (1866 a 1868), Guerra de Black Hills (1875 a 1877), Batalla de Little Bighorn (1876), Masacre de Wounded Knee (1890)

¿Quién lo dijo? Respuestas

1. A. Tecumseh (Shawnee)
2. D. Alce Negro (Lakota)
3. B. Wilma Mankiller (Cheroqui)
4. D. Deb Haaland (Pueblo)
5. A. Toro Sentado (Lakota)
6. C. Jefe Joseph (Naz Percé)
7. B. Oso Erguido (Ponca)
8. D. Oso del sol (Chippewa)
9. B. Jefe Seattle (Suquamish y Duwamish)
10. A. Chiksika (Shawnee)

Respuestas de verdadero o falso

1. **Falso** (*La tribu apache vivía tradicionalmente en el suroeste y las llanuras del sur de Estados Unidos*).

2. **Falso** (*La Confederación Iroquesa estaba formada originalmente por cinco tribus diferentes, pero después de que la tribu Tuscarora fuera aceptada en la coalición, pasó a ser conocida como las "Seis Naciones"*).

3. **Verdadero** (*Las siete subtribus o bandas son los Brulé, o "Muslos quemados" los Oglala, o "Dispersan a los suyos"; los Sans Arc, o "Sin arcos"; los Hunkpapa, o "Pueblo del extremo"; los Miniconjou, o "Planta cerca del agua"; los Sihásapa, o "Pies negros"; y los Oóhenuŋpa, o "Dos calderos"*).

4. **Verdadero** (*El pueblo ute vivía alrededor de la Gran Cuenca en Utah y Colorado. También tenían cotos de caza en Wyoming, Arizona, Nuevo México y Oklahoma*).

5. **Falso** (*Las tribus cheyene y arapajó formaron una alianza en 1811. Juntas, expulsaron de sus tierras a tribus rivales como los kiowa y los Shoshón para ampliar su territorio*).

6. **Verdadero** (*Los chickasaw se unieron a sus compañeros de las Tribus de las Llanuras en el Sendero de las Lágrimas después de que el gobierno de Estados Unidos negociara un tratado con los cheroqui por todas sus tierras ancestrales. Las Tribus de las Llanuras fueron entonces trasladadas hacia el oeste, a Oklahoma, donde fueron reasentadas en reservas*).

7. Verdadero (*La masacre de Wounded Knee se saldó con 90 nativos americanos muertos y 4 heridos, mientras que el ejército de Estados Unidos perdió 31 soldados y 33 resultaron heridos. El jefe lakota Alce moteado se encontraba entre las bajas de la batalla*).

8. Falso (*Los cree de las llanuras eran miembros de la Confederación del Hierro, junto con los ojibwe de las llanuras, los nakoda, los assiniboine y los pueblos métis*).

9. Cierto (*Los Hopi y los Pueblo pueden remontar su linaje hasta los Anasazi, o Pueblo Ancestrales, que vivieron en el suroeste de Estados Unidos ya en el año 700 de nuestra era*).

10. Verdadero (La tribu Massachusett *sólo contaba con unos 12 miembros en 1921. A pesar de que algunas personas afirman descender de la tribu, no hay miembros de la tribu Massachusett reconocidos a nivel federal o estatal*).

Respuestas de las preguntas de emparejamiento

1. Seneca/Lenguas iroquesas; Lenape/Lenguas algoquinas; Navajo / Lenguas atapascas; Lakota/Lenguas sioux; Chickasaw/Lenguas muskogi

2. Cheroqui/Límite de Qualla; Hopi/Reserva india del río Colorado; Lakota/Reserva del río Cheyene; Nez Percé/Reserva de Colville; Shoshón/Reserva de Fort Hall

3. Guerras de los Castores/Iroqueses; Guerra de Kieft/Lenape; Guerra del rey Felipe/Wampanoag; Guerra del melocotón/Munsee; Guerra de Lord Dunmore/Shawnee

4. Inuit/Kayak; Sioux/Pipa de tabaco; Shoshón/Anticonceptivos orales; Iroqués/Biberones; Algonquino/Alivio del dolor

5. Choctaw/158.774; Navajo/298.197; Cheroqui/729.533; Apache / 96.833; Sioux/153.360

Respuestas de identifique las imágenes

1. Tipi y Sioux

2. Adobe y Hopi

3. Casas largas e iroqueses

4. Wigwam y Apache

5. Plank House (Casa de tablas de madera) y Yurok

6. Hogan y Navajo

7. Iglú e inuit

8. Bahareque y la cultura misisipiana

9. Choza Chickee y Seminole

10. Grass House (Casas de paja) y Caddo

Capítulo 6: Encuentros del pasado: Los nativos americanos se encuentran con los europeos

El contacto con los colonos europeos cambió irrevocablemente el mundo para los pueblos indígenas de Norteamérica. Las alianzas y los conflictos se hicieron frecuentes en todo el continente, especialmente a medida que los colonos europeos se desplazaban hacia el oeste. Aunque los nativos americanos tenían asentamientos permanentes, los construidos por los colonos eran más grandes y estaban más poblados. Esto significaba que los recién llegados superaban con creces a los nativos americanos en sus tierras. Póngase a prueba sobre las diferentes formas en que se desarrollaron las cosas cuando los pueblos indígenas se encontraron con los europeos.

Elección múltiple

1. ¿Quién fue el conquistador español con el que se encontró la cultura Mississippi en la década de 1540?

A. Afonso de Albuquerque

B. Hernando de Soto

C. Hernán Cortés

D. Juan de la Cosa

2. ¿Quién fue el primer europeo que pisó tierra firme en Norteamérica?

    A. Cristóbal Colón

    B. Marco Polo

    C. Sir Francis Drake

    D. Leif Erikson

3. ¿Dónde desembarcaron los peregrinos cuando llegaron a Norteamérica en el *Mayflower*?

    A. Plymouth

    B. Jamestown

    C. Elizabethtown

    D. Charlottesville

4. ¿Quién fue el guía e intérprete de la expedición de Lewis y Clark a través del territorio de Luisiana?

    A. Pocahontas

    B. Wanamara

    C. Sacagawea

    D. Mirasawa

5. ¿Qué tribu nativa americana NO luchó junto a los franceses durante la guerra Francesa e India?

    A. Lenape

    B. Iroqués

    C. Shawnee

    D. Ottawa

6. ¿Con qué tribu de nativos americanos se encontró el explorador inglés Henry Hudson durante sus viajes por el río Hudson?

    A. Shoshón

    B. Pawnee

    C. Algonquino

    D. Lenape

7. ¿A qué tribu nativa americana conoció John Smith tras ser capturado mientras cazaba?

A. Powhatan

B. Creek

C. Apache

D. Navajo

8. ¿Qué explorador francés reclamó el norte de América del Norte para sí en 1534?

A. Sir Francis Drake

B. Pierre Renaud

C. Jacques Cartier

D. Jean du Pont

9. ¿Qué animal trajeron los colonos europeos a Norteamérica que fue rápidamente adoptado para su uso por las culturas indígenas?

A. Gallo

B. Cerdo

C. Llama

D. Caballo

10. ¿Dónde se produjo el primer asentamiento permanente en las colonias americanas?

A. Plymouth

B. Jamestown

C. Elizabethtown

D. Charlottesville

Verdadero o falso

1. La primera colonia holandesa en Norteamérica era conocida como Nueva Holanda.

• Verdadero

• Falso

2. Cuando John White regresó a la colonia de Roanoke con suministros procedentes de Inglaterra en 1590, encontró el asentamiento abandonado y la palabra "KRAKATOA" tallada en un árbol cercano.

• Verdadero

• Falso

3. El comerciante holandés Peter Minuit compró la isla de Manhattan a los lenape por el equivalente a 24 dólares.

- Verdadero
- Falso
-

4. Algunas tribus nativas americanas del sudeste adoptaron un sistema de esclavitud similar al utilizado por los colonos europeos.

- Verdadero
- Falso

5. Las guerras de los Castores fueron el primer conflicto armado a gran escala entre los nativos americanos y los colonos europeos.

- Verdadero
- Falso

6. Los colonos europeos introdujeron enfermedades como la neumonía, el sarampión, la gripe y el tifus entre los nativos americanos.

- Verdadero
- Falso

7. El sistema de gobierno de la Confederación Iroquesa influyó en la creación de la Constitución y la Carta de Derechos de Estados Unidos.

- Verdadero
- Falso

8. "Destino Manifiesto" fue el concepto empleado por Estados Unidos para justificar su

la expansión hacia el oeste y la expulsión de los nativos americanos de sus tierras ancestrales.

- Verdadero
- Falso

9. Los conquistadores españoles liderados por Hernán Cortés derrocaron al Imperio inca.

- Verdadero
- Falso

10. Dentro de la tribu de los Pies Negros, uno de los mayores honores que un guerrero podía lograr en la batalla era capturar un arma de fuego enemiga.

- Verdadero
- Falso

Rellene los espacios en blanco

1. La _____ fue un sistema de comercio y trabajo utilizado por los colonos españoles en las Américas, que tuvo un impacto significativo en las sociedades nativas americanas.

2. _____fue la primera niña inglesa nacida en Norteamérica.

3. Los _____ que vivían en Stockbridge, Massachusetts, al comienzo de la Guerra Revolucionaria Americana optaron por ponerse del lado de los colonos contra los británicos.

4. La primera reserva de nativos americanos se estableció en el estado de _____.

5. Cristóbal Colón y su tripulación navegaron en la _____, _____, y _____ durante su famoso viaje a las Américas.

6. Fort Christina fue el primer asentamiento _____ en América del Norte.

7. Tras ser expulsados de Inglaterra, los puritanos ayudaron a fundar la Colonia _____.

8. El misionero jesuita Jean de Brébeuf acuñó el nombre _____ tras ver a miembros de la tribu hurón que practica este deporte en Ontario.

9. La rebelión de Popé durante la revuelta de los indios fue un levantamiento contra los opresores _____.

10. La tribu Kikapú vivía originalmente en la zona al sur del _____.

Identifique las imágenes

1. Nombre al famoso líder inglés de Jamestown que aparece en la imagen superior.

Respuesta: _____

2. Identifique al líder conquistador y el objetivo de su expedición.

Respuesta: _____

3. Nombre el deporte que estos nativos americanos se disponen a practicar.

Responda: _____

4. Identifique a este famoso pacificador nativo americano de la región del Atlántico Medio de Norteamérica.

Respuesta: _____

5. Identifique la tribu nativa americana de hábiles jinetes representada en este dibujo.

Respuesta: _____

Clave de respuestas

Respuestas de opción múltiple

1. B. Hernando de Soto (*Hernando de Soto fue el primer europeo del que se tiene constancia que cruzó el río Misisipi. Aunque viajó por todo el sureste de Estados Unidos en busca de oro o de un paso hacia el océano Pacífico, murió a orillas del río Misisipi en 1542*).

2. D. Leif Erikson (*Leif Erikson y su tripulación de vikingos navegaron desde Groenlandia hasta el continente de Norteamérica en algún momento entre los años 990 y 1050 de nuestra era. Desembarcaron alrededor de Terranova, en Canadá, por lo que no sólo se adelantaron a Cristóbal Colón en ese punto unos 500 años, sino que también tocaron suelo norteamericano cuando Colón nunca lo hizo*).

3. A. Plymouth (*Los peregrinos desembarcaron en Plymouth Rock, en Massachusetts, y establecieron cerca de allí la colonia de Plymouth. La colonia recibió su nombre de la ciudad portuaria de Plymouth en Devon, Inglaterra, de donde partió el* Mayflower).

4. C. Sacagawea (*Sacagawea se unió a Meriwether Lewis y William Clark en su expedición para trazar una ruta hacia el océano Pacífico cuando sólo tenía 16 años. Murió a los 24 años, dejando dos hijos cuya educación había sido confiada a Clark*).

5. B. Iroquesa (*La Confederación Iroquesa se puso del lado de los británicos durante la guerra Francesa e India, luchando contra sus compatriotas nativos americanos de 1754 a 1763. Sin embargo, cuando la guerra terminó con el Tratado de París, ninguna de las tribus nativas americanas fue invitada a participar en nombre de ninguno de los dos bandos*).

6. D. Lenape (*Cuando Henry Hudson se encontró con el pueblo lenape, navegaban por el río en sus canoas. Detuvo su viaje brevemente para comerciar con ellos, comprando alubias y ostras a los nativos americanos del lugar*).

7. A. Powhatan (*Pocahontas era miembro de la tribu Powhatan, ya que su padre, también llamado Powhatan, era su jefe. John Smith ayudó a establecer un acuerdo de paz provisional entre la tribu Powhatan y Jamestown*).

8. C. Jacques Cartier (*Jacques Cartier fue la primera persona que viajó por el interior de Norteamérica. Durante su segundo viaje a*

Norteamérica, secuestró al jefe Donnacona de los iroqueses para llevárselo a Francia. Cartier quería que su nativo americano cautivo convenciera a los financieros franceses de sus expediciones de que había más tierra al oeste de las posesiones coloniales).

9. D. Caballo (*Después de que los colonos europeos trajeran consigo caballos, los animales se compraban u obtenían con frecuencia durante los intercambios. Se convirtieron en una parte importante de la cultura de las tribus de las llanuras, especialmente con la tribu comanche. Los guerreros entrenados en el tiro con arco aprendieron a montar y disparar flechas de forma simultánea).*

10. B. Jamestown (*Jamestown fue fundada en 1607 por la Compañía Virginia de Londres. Estaba situada en la orilla noreste del río James y siguió a múltiples intentos fallidos de crear un asentamiento permanente en el "Nuevo Mundo", incluida la colonia perdida de Roanoke).*

Respuestas de verdadero o falso

1. Verdadero (*Nueva Holanda abarcaba una gran franja de tierra, incluidas partes de Nueva York, Nueva Jersey, Connecticut, Pensilvania, Delaware y Maryland. Los holandeses perdieron su colonia en favor de los británicos en 1674 como estipulación del Tratado de Westminster que puso fin a la Tercera Guerra Anglo-Holandesa).*

2. Falso (John White descubrió la palabra "CROATOAN" tallada en una de las empalizadas que rodeaban el asentamiento de la colonia de Roanoke. Había partido a finales de 1587 para traer de Inglaterra suministros muy necesarios para la colonia, pero la guerra angloespañola retrasó su regreso de 1588 a 1590. Cuando por fin logró regresar, toda la colonia estaba abandonada y la única pista de su paradero era la misteriosa palabra).

3. Verdadero (*En 1626, Peter Minuit compró la isla de Manhattan a los lenape en nombre de la Compañía Holandesa de las Indias Orientales por 60 florines, equivalentes a 24 dólares. Más tarde se convirtió en el fundador y gobernador colonial de Nueva Ámsterdam, antiguo nombre de la ciudad de Nueva York, que incluía la isla de Manhattan dentro de sus fronteras).*

4. Verdadero (*Tribus como la Cheroqui, la Creek y la Choctaw adoptaron un sistema de esclavitud similar al de los colonos europeos. Pagaban por poseer y utilizar a afroamericanos cautivos para obtener beneficios. Sin embargo, esta práctica era muy divisiva y sólo alrededor* *del 3% de los nativos americanos tenían esclavos).*

5. Falso (*La Primera Guerra Anglo-Powhatan fue el primer conflicto armado a gran escala entre los nativos americanos y los colonos europeos. Comenzó en mayo de 1609, mientras que la primera de las guerras del Castor se inició en julio de ese mismo año. La Primera Guerra Anglo-Powhatan terminó cuando los colonos de Jamestown capturaron a la hija del jefe Powhatan, Pocahontas. Mientras los colonos intentaban devolver a sus rehenes, se reanudaron los combates. Tras capturar al propio Powhatan, se logró la paz mediante el matrimonio del colono John Rolfe y Pocahontas*).

6. Verdadero (*Los colonos europeos de Florida y Cuba fueron los responsables de la introducción de muchas enfermedades nuevas en la población indígena americana entre 1493 y 1550. Los pueblos indígenas de América no tenían inmunidad a estas enfermedades. A medida que viajaban por las vías fluviales para comerciar con mercancías y noticias, propagaron involuntariamente estas enfermedades desconocidas a un mayor número de la población*).

7. Verdadero (*El gobierno de la Confederación Iroquesa tenía un número determinado de representantes de cada tribu miembro en el Gran Consejo de las Seis Naciones, número determinado por el tamaño de la tribu. Este consejo disponía de métodos de votación y ratificación de propuestas para convertirlas en ley, incluida la aprobación de tratados y declaraciones de guerra. Esto influyó en la forma en que se organizó el Congreso al redactar la Constitución y la Carta de Derechos de los Estados Unidos. El Congreso aprobó una resolución en 1988 para reconocer oficialmente cómo la Confederación Iroquesa influyó en la formación del gobierno de Estados Unidos*).

8. Verdadero (A medida que Estados Unidos *crecía a lo largo del siglo XIX, los colonos empezaron a desplazarse hacia el oeste, a tierras que pertenecían a los nativos americanos. La creencia en el "Destino Manifiesto" se propagó para eliminar cualquier duda que tuviera el pueblo estadounidense sobre el robo de tierras que pertenecían legítimamente a los pueblos indígenas que vivían allí. Propugnaba la opinión de que Estados Unidos tenía derecho a expandirse hacia el oeste y aportaría formas superiores de gobierno y beneficios sociales a las tierras no colonizadas*).

9. Falso (*Los conquistadores españoles liderados por Hernán Cortés hicieron campaña contra el Imperio azteca y derrocaron a Moctezuma II.*

Esta campaña duró de 1519 a 1521 y terminó con la toma por los españoles de las antiguas tierras del Imperio azteca, gobernándolo como "Nueva España").

10. Verdadero (*Tras la introducción de las armas de fuego en Norteamérica por los colonos europeos, las armas pasaron a formar parte del modo de vida de muchas tribus nativas americanas. Las armas de fuego fueron adoptadas hasta cierto punto por muchas tribus, y se convirtieron en un elemento importante de ciertas ceremonias y ritos de paso. Cuando un guerrero pie negro conseguía recuperar el arma de un enemigo derrotado en batalla, el resto de la tribu lo celebraba y le rendía grandes honores*).

Respuestas a las preguntas de rellenar los espacios en blanco

1. Encomienda (*la Corona española permitió a los colonos españoles esclavizar a la población indígena de las Américas, obligándoles a realizar trabajos forzados y sometiéndoles a la entrega de oro como tributo. El sistema de Encomienda se basaba en el utilizado durante la Reconquista, en el que musulmanes y judíos de la España musulmana recibían un trato similar*).

2. Virginia Dare (*Virginia Dare nació el 18 de agosto de 1587 en la colonia de Roanoke, en Carolina del Norte. Es famosa por ser la primera niña inglesa nacida en Norteamérica y era nieta del gobernador de la colonia, John White. Aunque desapareció con el resto de los colonos mientras su abuelo estaba fuera consiguiendo suministros de Inglaterra, se la recuerda por su histórico nacimiento. Su nombre ha sido inmortalizado de varias maneras, entre ellas en el condado de Dare, Carolina del Norte, que contiene gran parte de los Outer Banks y el lugar de la Colonia Perdida*).

3. Mohicanos (*Los mohicanos que vivían en Stockbridge, Massachusetts, también conocidos como los indios de Stockbridge, se unieron a la causa de los colonos americanos contra el Imperio británico. Lucharon en el sitio de Boston, la batalla de Saratoga, la batalla de Monmouth y la batalla de Kingsbridge. Esta última batalla se saldó con la pérdida de muchos milicianos mohicanos. George Washington concedió a la milicia una mención de honor, les pagó 1.000 dólares y los separó del servicio*).

4. Nueva Jersey (*La primera reserva de nativos americanos se llamó Reserva India Brotherton, situada cerca de Indian Mills, Nueva Jersey. Se creó en 1758 con la firma del Tratado de Easton, en el que la tribu lenni-lenape que vivía en la zona prometió no luchar por los franceses durante la guerra Francesa e India a cambio de que los británicos accedieran a cesar sus incursiones en las tierras de los nativos americanos al oeste de los Alleghenies. La reserva se estableció para los miembros de la tribu que desearan permanecer en Nueva Jersey y convertirse al cristianismo*).

5. Niña, Pinta y Santa María (*Cristóbal Colón y su tripulación llegaron a la isla bahameña de San Salvador en 1492. Creyó que estaba en las Indias Orientales y declaró que los habitantes eran "indios", la palabra española para designar a los indígenas. Este error dio lugar a que los nativos americanos fueran denominados indios durante siglos después*).

6. Suecia (*Fort Christina se convirtió en la base de la colonia de Nueva Suecia. El asentamiento se construyó hacia 1638 y se convirtió en una importante fuente de comercio con la cercana tribu lenape. Los colonos suecos comerciaban frecuentemente con los lenape para obtener sus preciadas pieles de castor, que podían venderse con grandes beneficios en Europa*).

7. Bahía de Massachusetts (*Los nativos americanos cercanos a la colonia de la Bahía de Massachusetts mantenían una relación relativamente buena con los colonos. Los colonos participaron en un par de guerras contra los nativos americanos, tras las cuales la mayoría de las tribus locales firmaron tratados de paz con el gobierno colonial*).

8. Lacrosse (*Jean de Brébeuf llamó al juego "la crosse", que significa "el palo" en francés. Esto se debía a los emblemáticos palos con redes en el extremo que utilizaban los jugadores de lacrosse. Fue testigo de cómo lo jugaban los miembros de la tribu hurón en 1637, pero los descendientes de los colonos europeos no lo adoptarían hasta la década de 1830. Los ciudadanos anglófonos de Montreal vieron a miembros de la tribu mohawk jugando al lacrosse y desarrollaron un gran interés por este deporte*).

9. Española (*La revuelta de los indios duró 12 días en 1680. Tuvo como consecuencia la expulsión de los colonizadores españoles de la zona. Los victoriosos Pueblo se apoderaron de los caballos de los españoles que huían, lo que puede haber contribuido al auge de la cultura ecuestre entre las tribus nativas americanas cercanas*).

10. Grandes Lagos *(Los Kikapú entraron en contacto con colonos franceses que establecieron puestos de comercio de pieles durante el siglo XVII. Tras la derrota de los franceses después de la guerra Francesa e India, los británicos se apoderaron del territorio y establecieron sus propias operaciones de comercio de pieles).*

Identifique las imágenes Respuestas

1. Capitán John Smith

2. Ponce de León y la búsqueda de la Fuente de la Juventud en Florida

3. Lacrosse

4. Pocahontas

5. Comanche

Capítulo 7: Tierra y libertad: El gran desafío de los tratados

Como había tantas tribus diferentes de nativos americanos, los colonos europeos y, más tarde, el gobierno de Estados Unidos, tuvieron que negociar tratados con muchos grupos individuales. Las barreras lingüísticas y culturales dificultaban la comunicación, y los europeos y el gobierno estadounidense emplearon a menudo subterfugios. A medida que se firmaban más tratados, los nativos americanos empezaron a perder sus tierras y su libertad. Compruebe sus conocimientos sobre el complejo entramado de acuerdos de paz, alianzas y tratos sobre tierras obtenidos a través de los tratados.

Elección múltiple

1. ¿Qué tratado dio lugar al Sendero de las Lágrimas?

    A. Tratado de Nueva Echota

    B. Tratado de Fort Laramie

    C. Tratado de Greenville

    D. Tratado de Guadalupe Hidalgo

2. ¿Qué líder lakota firmó el Tratado de Fort Laramie en 1868 para poner fin a las hostilidades entre su tribu y Estados Unidos?

    A. Caballo Loco

    B. Hiawatha

    C. Nube Roja

    D. Pequeño oso

3. ¿Qué miembro del gobierno federal de Estados Unidos negoció el Tratado de Nueva York en 1790?

A. George Washington

B. Alexander Hamilton

C. Thomas Jefferson

D. Henry Knox

4. ¿Qué tratado se firmó tras el final de la batalla de Horseshoe Bend para poner fin a la guerra Creek?

A. Tratado de Everettsville

B. Tratado de San Juan

C. Tratado de Fort Jackson

D. Tratado de Horseshoe Bend

5. ¿Qué tribu nativa americana fue parte en el Tratado de Drum Creek de 1868?

A. Osage

B. Cheroqui

C. Apache

D. Kikapú

Verdadero o falso

1. El Tratado de Fort Laramie, firmado en 1868, concedió las Colinas Negras al pueblo sioux permanentemente.

- Verdadero

- Falso

2. La Ley de Traslado de Indígenas de 1830 autorizó el traslado forzoso de los nativos americanos de sus tierras ancestrales en el sureste de Estados Unidos.

- Verdadero

- Falso

3. El Tratado de Tippecanoe se firmó el 20 de abril de 1869.

- Verdadero

- Falso

4. La Compra de Lovely fue una donación de tierras a la tribu cheroqui dividida entre los territorios de Arkansas y Missouri en 1817.
   - Verdadero
   - Falso

5. Hubo cinco Tratados de Buffalo Creek.
   - Verdadero
   - Falso

Identificar el Tratado

1. "CONSIDERANDO que Su Majestad tuvo a bien proponernos en el año mil setecientos sesenta y cinco que se fijara una Línea Fronteriza entre los ingleses y nosotros para determinar y establecer nuestros límites y evitar aquellas intrusiones e invasiones de las que nos habíamos quejado tan larga y ruidosamente y para poner fin a las muchas ventajas fraudulentas que tan a menudo se habían aprovechado de nosotros en asuntos de tierras cuya línea fronteriza pareciéndonos una medida sabia y buena acordamos entonces una parte de una línea y prometimos resolver finalmente la totalidad cuando Sir William Johnson estuviera plenamente facultado para tratar con nosotros con ese fin".

NOMBRE DEL TRATADO: _____ _____

2. "ARTÍCULO I. Las Naciones Indias Ottawa, Chippewa y Pottawatamie ceden a los Estados Unidos todas las tierras comprendidas dentro de los siguientes límites: Comenzando en un punto de la orilla sur del río St. Joseph del Lago Michigan, cerca del Parc aux Vaches, hacia el norte desde Rum's Village, y continuando desde allí hacia el sur hasta una línea trazada hacia el este desde el extremo sur del Lago Michigan, y desde allí con dicha línea hacia el este hasta el tracto cedido por los Pottawatamies a los Estados Unidos por el Tratado de Fort Meigs en 1817, si dicha línea llegara a tocar dicho tracto, pero si dicha línea pasara al norte de dicho tracto, entonces dicha línea se continuará hasta que toque el límite occidental del tracto cedido a los Estados Unidos por el Tratado de Detroit en 1807...".

NOMBRE DEL TRATADO: _____

3. "ARTÍCULO III. La Nación Creek entregará tan pronto como sea factible al oficial al mando de las tropas de los Estados Unidos,

estacionadas en Rock-Landing en el río Oconee, a todos los ciudadanos de los Estados Unidos, habitantes blancos o negros, que se encuentren ahora prisioneros en cualquier parte de dicha nación. Y si alguno de dichos prisioneros o negros no fuera entregado así, en o antes del primer día de junio siguiente, el gobernador de Georgia podrá facultar a tres personas para que reparen a dicha nación, para reclamar y recibir a dichos prisioneros y negros".

NOMBRE DEL TRATADO: _____

4. "ARTÍCULO III. La nación Cheroqui renuncia a los Estados Unidos a todo reclamo y cede todo título sobre las tierras que se extienden al sur y al oeste de la línea, como se describe en el artículo segundo; y, en consideración a dicha renuncia y cesión, los comisionados acuerdan otorgar a la nación Cheroqui una anualidad de seis mil dólares, que continuará durante diez años sucesivos, y cinco mil dólares, que se pagarán en sesenta días después de la ratificación del tratado, como compensación por cualquier mejora que dicha nación pueda haber tenido en las tierras cedidas".

NOMBRE DEL TRATADO: _____

5. "ARTÍCULO IV. En consideración de la paz ahora establecida, y de las cesiones y renuncias de tierras hechas en el artículo anterior por dichas tribus de indios, y para manifestar la liberalidad de los Estados Unidos, como el gran medio de hacer esta paz fuerte y perpetua, los Estados Unidos renuncian a sus reclamaciones sobre todas las demás tierras indias al norte del río Ohio, al este del Mississippi, y al oeste y al sur de los Grandes Lagos y las aguas que los unen, según la línea fronteriza acordada por los Estados Unidos y el Rey de Gran Bretaña, en el tratado de paz celebrado entre ellos en el año 1783".

NOMBRE DEL TRATADO: _____

Clave de respuestas

Respuestas de opción múltiple

1. A. Tratado de Nueva Echota (El *presidente de Estados Unidos, Andrew Jackson, negoció el Tratado de Nueva Echota en 1835 con la tribu cheroqui, dándoles 2 años para trasladar a toda su gente de las tierras al este del Misisipi a reservas en Oklahoma*).

2. C. Nube Roja (*Nube Roja fue el último de los nativos americanos en firmar el Tratado de Fort Laramie. El objetivo principal del tratado era* *poner fin a la guerra de Nube Roja).*

3. D. Henry Knox (*Cuando se firmó el Tratado de Nueva York, Henry Knox ocupaba el cargo de Secretario de Estado de los Estados Unidos bajo la presidencia de George Washington. Negoció el tratado con los líderes de la tribu muscogee).*

4. C. Tratado de Fort Jackson (*El Tratado de Fort Jackson se firmó en 1814, tras la derrota de los Bastones Rojos por Andrew Jackson en la batalla de Horseshoe Bend. Los Bastones Rojos formaban parte del pueblo muscogee y lucharon contra Estados Unidos durante la guerra Creek, que formaba parte de la más amplia guerra de 1812).*

5. A. Osage (*El Tratado de Drum Creek trataba de la reubicación de la tribu Osage y pretendía solucionar los problemas del anterior Tratado Sturges Osage. Sin embargo, aunque el tratado fue firmado y enviado al Congreso de Estados Unidos, nunca fue ratificado).*

Respuestas de verdadero o falso

1. Verdadero (*Tras años de guerras y sangrienta violencia, el gobierno federal de Estados Unidos firmó el Tratado de Fort Laramie con los miembros del pueblo sioux, es decir, las tribus lakota, dakota, arapajó, oglala, miniconjou y brulé. Concedió a los sioux la propiedad de las Colinas Negras y otras tierras en Montana, Wyoming, Nebraska y Dakota del Sur).*

2. Verdadero (*La Ley de Traslado Forzoso de los Indios fue promulgada por el presidente de Estados Unidos Andrew Jackson el 28 de mayo de 1830. Esta medida provocó un éxodo masivo de los nativos americanos de sus tierras ancestrales, causando daños irreparables al pueblo y a su cultura).*

3. Falso (*El Tratado de Tippecanoe se firmó el 26 de octubre de 1832. Fue un acuerdo entre el gobierno de Estados Unidos y la tribu potawatomi que vivía en Indiana).*

4. Cierto (*La Compra de Lovely, también conocida como la Donación de Lovely, fue encabezada por el mayor William Lovely. Era el agente indio del Territorio de Misuri y había participado en anteriores intentos fallidos de mediar en un acuerdo de paz entre los pueblos cheroqui y osage. Decidió que la mejor solución sería dar a los nativos americanos sus propias tierras y eligió el lugar para que sirviera de zona tampón que separara a las tribus hostiles entre sí).*

5. Falso (*Sólo hubo cuatro Tratados de Buffalo Creek. El Primer Tratado de Buffalo Creek se firmó en 1788 y supuso la compra de una gran sección de tierra a la tribu seneca en el oeste de Nueva York. El Cuarto Tratado de Buffalo Creek se firmó en 1857 y modificó los términos de los dos tratados anteriores*).

Identificar las respuestas del Tratado

1. Tratado de Fort Stanwix - 1768 (*Estableció los límites entre las tierras de la Confederación Iroquesa y la familia Penn. Estas tierras, llamadas la "Nueva Compra", fijaron la frontera de lo que con el tiempo se convertiría en la Mancomunidad de Pensilvania*).

2. Tratado de Chicago - 1821 (*Las tribus Chippewa y Ottawa cedieron casi cinco millones de acres de tierra en la península baja de Michigan al gobierno de Estados Unidos. A cambio, recibieron 6.500 dólares en monedas, 10.000 dólares en bienes comerciales y 150.000 dólares a pagar a plazos durante los próximos 20 años*).

3. Tratado con los Creeks - 1790 (*Extendió la protección del gobierno federal de Estados Unidos a la Nación Creek. También obligaba a la Nación Creek a devolver a sus propietarios o al gobierno de los Estados Unidos a cualquier esclavo o prisionero fugado capturado en sus territorios*).

4. Tratado de Turkeytown - 1816 (*Estableció un acuerdo de paz entre el pueblo cheroqui y el gobierno federal de Estados Unidos. Además, solidificó los límites de las tierras cheroquis y declaró que cederían todas las tierras al sur del río Tennessee y al oeste del río Coosa, en el norte de Alabama, a los Estados Unidos*).

5. Tratado de Greenville - 1795 (*Puso fin a la guerra India del Noroeste y ajustó los límites de las tierras del Territorio del Noroeste para permitir a los colonos europeos la libertad de establecerse allí. Esto estableció efectivamente una nueva frontera, ya que el territorio pronto se convirtió en el Estado de Ohio*).

Capítulo 8: Supervivencia y éxito: La historia de los siglos XIX y XX

Los siglos XIX y XX fueron testigos de enormes cambios en la sociedad para los nativos americanos. Estados Unidos seguía creciendo, mientras que las tierras reservadas a los pueblos indígenas se reducían a una fracción del tamaño del que disponían en la época precolombina. Los nativos americanos se enfrentaron a una plétora de retos, como la agitación cultural, política y social. La vida nunca volvería a ser la misma para las tribus una vez que el gobierno de Estados Unidos se centralizó y dominó el continente. Compruebe cuánto sabe sobre esta época respondiendo a estas preguntas sobre los indígenas americanos de 1800 a 1999.

Elección múltiple

1. ¿Qué acontecimiento NO marcó una resistencia significativa de los nativos americanos a finales del siglo XIX?

  A. La batalla de Little Bighorn

  B. La masacre de Wounded Knee

  C. El sendero de las lágrimas

  D. La masacre de Sand Creek

2. ¿Qué influyente nativo americano cofundó el Movimiento Indígena Americano en 1968?

A. Dennis Banks

B. Melissa Vissan

C. Oliver Sanderson

D. Peter Coyote

3. ¿Miembros de qué tribu nativa americana sirvieron como "habladores en clave" durante la Segunda Guerra Mundial?

A. Apache

B. Cheroqui

C. Osage

D. Navajo

4. ¿Qué ley del Congreso puso fin al reconocimiento de las tribus nativas americanas como entidades independientes y soberanas?

A. El Acta de Independencia Indígena

B. La Ley de Traslado Forzoso de los Indios

C. La Ley de Reubicación Indígena

D. La Ley de Naciones Indígenas Soberanas

5. ¿Cuál fue la primera universidad establecida para los nativos americanos en Estados Unidos?

A. Universidad Chippewa

B. Sitting Bull College

C. Universidad de Pinebrook

D. Diné College

Verdadero o falso

1. La Ley de Ciudadanía Indígena, que concedía la ciudadanía estadounidense a los nativos americanos, fue aprobada en 1924.

• Verdadero

• Falso

2. La Danza del Sol fue un importante movimiento religioso entre los nativos americanos a finales del siglo XIX. Su objetivo era restaurar su modo de vida tradicional.

• Verdadero

• Falso

3. Hasta un millón de nativos americanos fueron reubicados a la fuerza como resultado de la Ley de Traslado de Indígena.

- Verdadero
- Falso

4. La Ley de Artesanía Indígena de 1990 declaró ilegal que los nativos americanos vendieran sus productos en Estados Unidos.

- Verdadero
- Falso

5. La Resolución Conjunta del Senado 47 se propuso en el Congreso de Estados Unidos para pedir una disculpa a los nativos americanos por la muerte del general George Armstrong Custer.

- Verdadero
- Falso

Identificar a los líderes

1. Identifique a este líder lakota que vivió entre 1838 y 1905.

Respuesta: _____

2. Identifique a este líder sioux que solicitó a la administración del presidente de los Estados Unidos William Taft la mejora de los derechos de los nativos americanos.

Respuesta: _____

3. Identifique a este líder seminola, historiador de la tribu en la reserva india seminola de Brighton, cerca del lago Okeechobee.

Respuesta: _____

4. Identifique a esta mujer sioux dakota de Yankton que vivió de 1876 a 1928 y fue conocida sobre todo por sus inquietantes composiciones para violín y por detallar sus luchas al verse obligada a asimilarse a la cultura cuáquera.

Respuesta: _____

Clave de respuestas

Respuestas de opción múltiple

1. C. El Sendero de las Lágrimas *(El Sendero de las Lágrimas fue la ruta que los nativos americanos se vieron obligados a seguir para trasladarse de sus tierras natales a las reservas ordenadas por el gobierno de Estados Unidos como resultado de la Ley de Traslado de Indígenas de 1830. El paso por el Sendero de las Lágrimas fue difícil y peligroso, y provocó entre 14.000 y 16.000 muertes. Las víctimas sucumbieron al hambre, las enfermedades y la exposición antes de poder llegar al final del sendero).*

2. A. Dennis Banks *(Dennis Banks cofundó el American Indian Movement (AIM) o Movimiento Indígena Americano en julio de 1968 con Clyde Bellecourt, George Mitchell y Eddie Benton-Banai. Crearon el AIM mientras vivían en Minneapolis, Minnesota, como una forma de ayudar a promover los derechos de los nativos americanos).*

3. D. Navajo *(Los codificadores navajos utilizaban su lengua nativa para cifrar los mensajes codificados enviados entre el ejército, el gobierno y otros servicios en tiempos de guerra. Tuvieron tanto éxito que las Potencias del Eje nunca consiguieron descifrar su código).*

4. B. La Ley de Traslado Forzoso de los Indios *(El Congreso de Estados Unidos aprobó cuatro variaciones de Ley de Traslado Forzoso de los Indios entre 1851 y 1889. La segunda versión, aprobada en 1871, ya no reconocía oficialmente la independencia o soberanía de las tribus nativas americanas. Esto puso fin a su capacidad de firmar más tratados con el gobierno de Estados Unidos).*

5. D. Diné College *(El Diné College se creó en 1968 como Navajo Community College. Fue la primera universidad fundada por y exclusivamente para nativos americanos. Tras recibir su acreditación en 1976, se convirtió en la primera universidad acreditada de 2 años controlada totalmente por una tribu nativa americana).*

Respuestas verdaderas o falsas

1. Verdadero *(La Ley de Ciudadanía Indígena fue aprobada el 2 de junio de 1924. Su objetivo era conceder la plena ciudadanía a todos los nativos americanos nacidos en Estados Unidos. Sin embargo, el derecho al voto siguió correspondiendo a los gobiernos estatales y, hasta 1957, algunos siguieron impidiendo votar a los nativos americanos).*

2. Verdadero (*El movimiento religioso de la Danza del Sol de los Shoshón fue un intento de revivir las prácticas culturales de sus antepasados. A los pueblos indígenas se les prohibió legalmente realizar la ceremonia de la Danza del Sol en Estados Unidos y Canadá hasta mediados del siglo XX*).

3. Falso (*La Ley de Traslado Forzoso de los Indios provocó que unos 100.000 nativos americanos fueran expulsados de sus tierras ancestrales y obligados a vivir en reservas situadas más al oeste. Aunque en teoría el proceso debía ser voluntario, en la práctica se ejerció una gran presión sobre los nativos americanos para que desalojaran sus tierras*).

4. Falso (*La Ley de Artesanía Indígena de 1990 declaró ilegal que los anunciantes y comerciantes vendan artículos basados en productos tradicionales de los nativos americanos y sugieran que son auténticos o creados por nativos americanos si no es así*).

5. Falso (*La Resolución Conjunta del Senado 37 fue propuesta en 2004 por el senador Sam Brownback de Kansas para ofrecer una disculpa a los nativos americanos en nombre del gobierno de Estados Unidos por sus "políticas mal concebidas" del pasado en relación con los pueblos indígenas de Norteamérica. El presidente Barack Obama firmó la resolución en 2009, convirtiéndola en una de las raras ocasiones en las que Estados Unidos ha ofrecido una disculpa oficial y legalmente reconocida*).

Respuestas de identificar a los líderes

1. Touch the Clouds (Tocar las nubes)
2. Horse's Ghost (El fantasma del caballo)
3. Billy Bowlegs III
4. Pájaro rojo (Zitkala-Ša/Gertrude Simmons Bonnin)

Capítulo 9: Mantener vivas las tradiciones: La prueba del renacimiento cultural

A pesar de todos los cambios experimentados por los indígenas americanos, muchos miembros de las tribus trabajaron incansablemente para mantener vivas sus antiguas tradiciones. Aunque algunas prácticas y sistemas de creencias habían sido proscritos o estaban en desuso debido al choque cultural entre los pueblos indígenas y Estados Unidos, algunas personas se esforzaron por revivir estas tradiciones perdidas u olvidadas. Aferrarse a la propia herencia es importante, y usted puede descubrir lo que los indígenas americanos han hecho para recuperar las viejas costumbres.

Elección múltiple

1. ¿Qué tribu nativa americana logró revivir su lengua en peligro de extinción mediante programas de inmersión y el apoyo de la comunidad?

A. Wampanoag

B. Cheroqui

C. Hopi

D. Chickasaw

2. ¿Qué tribu nativa americana es conocida por el renacimiento de la ceremonia del potlatch, un acontecimiento social y espiritual tradicional?

A. Hopi

B. Tlingit

C. Navajo

D. Sioux

3. ¿Qué movimiento de revitalización de los nativos americanos intenta combinar elementos de los sistemas de creencias indígenas y del cristianismo?

A. Iglesia nacional nativa

B. Iglesia del Renacimiento de los Nativos Americanos

C. Iglesia nativa americana

D. Iglesia cristiana nativa

4. ¿Qué tribu nativa americana ha revivido sus tradiciones ancestrales, incluida la Danza de los tejidos?

A. Omaha

B. Tuskegee

C. Ute

D. Algonquin

5. ¿Qué tribu nativa americana se ha esforzado por revivir sus métodos de tejido para crear auténticas mantas y prendas tejidas?

A. Shawnee

B. Comanche

C. Navajo

D. Cayuga

Verdadero o falso

1. El documental "Powwow Highway" celebra la danza de los nativos americanos y cultura.

- Verdadero
- Falso

2. El Parque Nacional de New River Gorge, en Virginia Occidental, presenta recreaciones detalladas y envolventes de la vida de los nativos americanos.

- Verdadero
- Falso

3. La Ley de Revitalización de las Lenguas Indígenas de 1985 promueve el retorno de las lenguas nativas americanas al uso cotidiano.

- Verdadero
- Falso

4. La religión de la Casa Comunal fue fundada en 1799 por un profeta de la tribu Seneca llamado Handsome Lake y se ha transformado en una religión que se opone al cristianismo.

- Verdadero
- Falso

5. El Movimiento Indígena Americano aboga por proteger los lugares sagrados y revitalizar las ceremonias tradicionales de los nativos americanos.

- Verdadero
- Falso

Clave de respuestas

Respuestas de opción múltiple

1. A. Wampanoag (*La tribu Wampanoag revivió su lengua nativa, la lengua Massachusett, en el siglo XXI. Se convirtió en la primera lengua nativa americana extinguida en ser revivida con éxito. Ahora se está educando a los niños pequeños de la tribu para que hablen la lengua, lo que contribuirá a que se extienda y permanezca activa en el futuro*).

2. B. Tlingit (*Los tlingit revivieron su ceremonia potlatch para recuperar la conexión cultural y espiritual entre los miembros de la comunidad. El propósito de la ceremonia del potlatch es regalar o destruir posesiones, hacer alarde de riqueza y generosidad y aumentar el prestigio dentro de la tribu*).

3. C. Iglesia nativa americana (*La Iglesia nativa americana (NAC) combina las creencias espirituales de las religiones nativas americanas,*

principalmente las de las tribus de las llanuras, con los principios del cristianismo. Esto puede verse en su adhesión a los Diez Mandamientos y el uso sacramental del peyote en lugar del vino. También enseñan que existe un único poder superior, pero lo llaman el Gran Espíritu en lugar de Dios).

4. A. Omaha (*La tribu omaha ha estado trabajando para restaurar muchas de sus antiguas tradiciones. Esto incluye la danza de los tejidos, el sacred pole y los powwows. También se han esforzado por recuperar algunas de sus tierras perdidas, como la zona al este del río Misuri conocida como Blackbird Bend).*

5. C. Navajo (*Los navajos presionaron para revivir las habilidades tejedoras de su tribu a finales del siglo XX. Se hizo más fácil acceder a ejemplos de productos tejidos tradicionalmente a través de museos y colecciones de arte, lo que les permitió comprender mejor cómo sus antepasados creaban sus mantas y ropas tejidas).*

Respuestas verdaderas o falsas

1. Falso (Powwow Highway *es una película de comedia-drama de 1989 que presenta a un miembro de la tribu cheyene en la época moderna que emprende una búsqueda de autodescubrimiento tras ser animado por visiones espirituales).*

2. Verdadero (*La Representación de Nativos Americanos en Sandstone es una atracción popular en el Parque Nacional de New River Gorge. Presenta recreaciones de "historia viviente", con actores que representan la vida de los indígenas americanos utilizando ropas, herramientas y viviendas auténticamente recreadas).*

3. Falso (*La Ley de Lenguas Nativas Americanas de 1990 concedió a los nativos americanos la libertad de practicar y desarrollar las lenguas nativas americanas y promovió el derecho a que estas lenguas fueran enseñadas y utilizadas).*

4. Verdadero (*La religión de la Casa Comunal combinaba originalmente elementos de las creencias iroquesas y del cristianismo, incluido el uso de visiones para guiar su culto. Se dice que José Smith se inspiró en la religión de la Casa Comunal cuando fundó el mormonismo. Sin embargo, en 1969, la nueva forma de la religión filtró cualquier vestigio de puntos de vista cristianos, y ahora es una religión predominantemente animista).*

5. Cierto (*El American Indian Movement (AIM) se fundó en 1968 como un esfuerzo de base para frenar la continua brutalidad policial contra los nativos americanos en las zonas urbanas. Sin embargo, a partir de ese propósito original, el AIM creció hasta ampliar su enfoque a todo tipo de problemas culturales y sociales a los que se enfrentaban los nativos americanos. Uno de esos problemas era la profanación de lugares sagrados y la pérdida de tradiciones tribales*).

Capítulo 10: Voces de hoy: Conozca a los líderes nativos modernos

Los nativos americanos de hoy en día todavía tienen que luchar para ganarse los derechos que perdieron con el paso de los años o que nunca se les concedieron en primer lugar. Las reservas siguen existiendo y el liderazgo tribal ha evolucionado desde los días en que los jefes de guerra y los curanderos tomaban todas las decisiones. Estos roles siguen existiendo de alguna forma, pero las tribus nativas americanas modernas se han visto obligadas a funcionar de una manera que les ayude a conseguir lo que necesitan del gobierno y del pueblo. Compruebe cuánto sabe sobre la realidad moderna de la vida cotidiana de los indígenas y de quienes dirigen sus tribus en el siglo XXI.

Elección múltiple

1. ¿Qué activista nativo americano y ecologista fue galardonado con la Medalla Presidencial de la Libertad en 2015?

A. Louise Erdrich

B. Joy Harjo

C. Billy Frank, Jr.

D. Vine Deloria, Jr.

---

2. ¿Qué líder nativo americano desempeñó un papel fundamental en las protestas de Standing Rock contra el oleoducto Dakota Access?

A. Dave Archambault II

B. Michael Danvers

C. Lillian Whitsun

D. Mary Elizabeth Iverson

3. ¿Quién fue el primer nativo americano LGBTQIA+ en servir en el Congreso de los Estados Unidos?

A. Lillian Sarcussio

B. Sharice Davids

C. Natalie Thornhill

D. Melissa Bridgewater

4. ¿Qué equipo de fútbol profesional cambió su nombre tras años de protestas de Vernon Bellecourt y el American Indian Movement?

A. Kansas City Chiefs

B. Cleveland Indians

C. Chicago Blackhawks

D. Washington Redskins

5. ¿Quién es el actual Presidente del Consejo Tribal de la Tribu Seminola de Florida?

A. Marcelo Osceola, Jr.

B. Gerald Woodbridge

C. Ian Leaks

D. Roger Wilson

6. ¿Qué tribu nativa americana está dirigida actualmente por Chuck Hoskin, Jr.?

A. Seneca

B. Cheroqui

C. Powhatan

D. Pueblo

7. ¿Quién fue la primera persona con ascendencia nativa de Alaska en servir en el Congreso de los Estados Unidos?

A. Mary Peltola

B. Alison Derry

C. Quinn Farland

D. Elizabeth Jane Foster

8. ¿Quién fundó la coalición "Salvemos las sierras" dedicada a preservar los lugares sagrados de los nativos americanos en las sierras de San Francisco?

A. Paul Divanna

B. Wendy Willington

C. Jeneda Benally

D. Victoria Adams

9. ¿Quién fue la primera mujer nativa americana que viajó al espacio?

A. Deanna Louk-Browning

B. Nicole Mann

C. Sandra Ornstein

D. Gasha Verlander

10. ¿Qué miembro de la tribu Tlingit es el alcalde de San Diego desde 2020?

A. Joshua Marino

B. Rodney ValJohnson

C. Todd Gloria

D. Will Mason, Jr.

Verdadero o falso

1. Wilma Mankiller fue la primera mujer elegida Jefa Principal de la Nación Cheroqui.

- Verdadero

- Falso

2. Winona LaDuke es conocida por su labor en el activismo medioambiental, sobre todo en cuestiones relacionadas con el desarrollo sostenible.

- Verdadero

- Falso

3. Michael Martin es el actual líder de la tribu Shawnee.

- Verdadero
- Falso

4. El presidente Joe Biden ha promovido las relaciones con los nativos americanos mediante la celebración anual de una Cumbre de Naciones Tribales en la Casa Blanca.

- Verdadero
- Falso

5. Wendy Red Star es una actriz de televisión de éxito y activista social por los derechos de los nativos americanos.

- Verdadero
- Falso

Correspondencias

1. Empareje las figuras modernas de los nativos americanos con sus principales logros.

Wilma Mankiller	Ampliación el Congreso Nacional de nativos americanos
Vine Deloria, Jr.	Cofundó el American Indian Movement
Clyde Bellecourt	Primer poeta laureado nativo americano
Joy Harjo	Ganó la Medalla Presidencial de la Libertad
Fred Begay	Primer nativo americano en obtener un doctorado en Física

2. Empareje a los actuales líderes nativos americanos con sus tribus.

Jonathan Nez   Cheroqui

Princesa Daazhraii Johnson   Sioux

Chuck Hoskin, Jr.   Navajo

Frank Star sale a la luz   Neets'aii Gwich'in

Bill Anoatubby   Chickasaw

3. Empareje el título del puesto con el miembro de la tribu moderna que lo ocupa actualmente.

David Wilson   Secretario del Consejo Tribal Sioux

Bernadette Demientieff   Director del Servicio de Salud Indio

Roselyn Tso   Director Ejecutivo de la Dirección
                                        Gwich'in Comité

Susan Agard   Presidente del Consejo Empresarial de
                                                  Fort Hill

Nathan Small   Director de la Oficina de Investigación
                                                    Tribal

4. Empareje a los líderes nativos americanos modernos con sus funciones en el gobierno federal de Estados Unidos.

Keith Harper   Secretario del Interior de los Estados Unidos

Kimberly Teehee   14º Subsecretario del Interior para Asuntos
                                                 Indígenas

Deb Haaland   Enlace con el Secretario de Estado de EE.
                                                     UU.

Bryan Newland	Representante de EE. UU. ante el Consejo de Derechos Humanos de la ONU
Jack Jackson, Jr.	Asesora política principal de la Casa Blanca para Asuntos de los nativos americanos

5. Empareje a los nativos americanos modernos famosos con aquello por lo que son famosos.

Tommy Naranja	Célebre novelista, ensayista y poeta
Wes Studi	Cantante y bajista de la banda de rock Redbone
Madison Hammond	Actor galardonado
Pat Vegas	Futbolista profesional
N. Scott Momaday	Autora ganadora del Premio Pulitzer

Clave de respuestas

Respuestas de opción múltiple

1. C. Billy Frank, Jr. (*En 2015, el presidente de Estados Unidos, Barack Obama, concedió a Billy Frank, Jr. la Medalla Presidencial de la Libertad a título póstumo. Frank pasó su vida como activista en apoyo de los derechos civiles de los nativos americanos, incluyendo sus populares protestas no violentas conocidas como "fish-ins". Falleció el 5 de mayo de 2014 y, además de su condecoración presidencial póstuma, en 2021 se le encargó una estatua que formará parte de la Colección del Salón Nacional de Estatuas. Esto convierte a Frank en el primer nativo americano en recibir el honor de una estatua en la colección nacional*).

2. A. Dave Archambault *II* (*David "Dave" Archambault II es el ex presidente de la reserva indígena de Standing Rock, en Dakota del Norte. Fue una figura clave en las protestas contra el oleoducto Dakota Access, realizando peticiones al Gobierno federal y a las Naciones Unidas y organizando campamentos para los manifestantes que se resistían a la construcción del oleoducto. Lamentablemente, el presidente de Estados Unidos, Donald Trump, ordenó que continuara la construcción, que finalizó en abril de 2017*).

3. B. Sharice Davids (*Sharice Davids obtuvo un escaño en la Cámara de Representantes de Estados Unidos como delegada por Kansas en 2018. También fue una de las 2 primeras representantes nativas americanas en el Congreso junto a Deb Haaland*).

4. D. Washington Redskins (*En 2020, la directiva de los Washington Redskins anunció que cambiarían su nombre, considerado ofensivo por muchos nativos americanos. De 2020 a 2022, jugaron como el equipo de fútbol americano de Washington hasta que dieron a conocer su nuevo nombre: Washington Commanders*).

5. A. Marcellus Osceola, Jr. (*Marcellus Osceola, Jr. es el 7º Presidente del Consejo Tribal de la Tribu Seminola de Florida. Asumió el cargo tras unas elecciones especiales en 2016 y fue reelegido en 2019. Su abuelo fue Bill Osceola, el 1er Presidente del Consejo Tribal*).

6. B. Cheroqui (*Chuck Hoskin, Jr. es el Jefe Principal de la Nación Cheroqui. Anteriormente fue miembro del Consejo Tribal y Secretario de Estado antes de su elección como Jefe Principal en 2019*).

7. A. Mary Peltola (*Mary Peltola fue elegida en 2022 como una de las delegadas de Alaska en la Cámara de Representantes de Estados Unidos. Centró gran parte de su campaña en la protección de la pesca y los ecosistemas marinos, una causa que ha seguido defendiendo en el Congreso*).

8. C. Jeneda Benally (*La coalición "Salvemos las sierras" se opone a la ampliación de la estación de esquí SnowBowl de Arizona. Proponen instalar una tubería de aguas residuales que profanaría los terrenos sagrados de los nativos americanos en las sierras de San Francisco para crear nieve artificial para los esquiadores*).

9. B. Nicole Mann (*Coronel Nicole Mann fue aviadora naval en el Cuerpo de Marines de Estados Unidos antes de convertirse en astronauta en 2013. Fue elegida comandante del vuelo SpaceX Crew-5 que viajó a la Estación Espacial Internacional en 2022. No solo fue la primera mujer nativa americana en ir al espacio, sino la segunda nativa americana de cualquier sexo en hacer un viaje más allá de la atmósfera terrestre*).

10. C. Todd Gloria (*Todd Gloria ocupó anteriormente el cargo de alcalde en funciones de San Diego desde 2013 a 2014 tras la dimisión del alcalde Bob Filner. Fue elegido en 2020, convirtiéndose en el 37º alcalde de la ciudad*).

Respuestas de verdadero o falso

1. Verdadero *(Wilma Mankiller juró su cargo como Jefa Principal de la Nación Cheroqui el 5 de diciembre de 1985. Aunque hizo historia como la primera mujer en ocupar este cargo, a muchos dentro de la Nación Cheroqui no les gustaba la idea de que una mujer tuviera poder de gobierno. No asistió a las reuniones del consejo y se aseguró de no traspasar la línea que separa las ramas ejecutiva y legislativa del gobierno tribal para apaciguar a sus oponentes).*

2. Verdadero *(Winona LaDuke es también escritora, economista, cultivadora de cáñamo industrial y activista en favor de las reivindicaciones y la preservación tribales. En 1996 y 2000, se presentó en la misma candidatura que Ralph Nader, como candidata a la vicepresidencia por el Partido Verde).*

3. Falso *(Ben Barnes es el actual líder de la tribu Shawnee. Ha pasado más de 25 años trabajando en varios puestos a diferentes niveles del gobierno tribal. Se ha centrado en promover la educación entre el pueblo shawnee y en mejorar las condiciones de vida de las personas con menos recursos económicos).*

4. Verdadero *(La Cumbre anual de las Naciones Tribales de la Casa Blanca reúne a los líderes de varias tribus nativas americanas para debatir los problemas más acuciantes a los que se enfrenta su pueblo en la actualidad. La actual administración se ha comprometido a mejorar la capacidad de los líderes tribales para colaborar con el gobierno de los Estados Unidos y plantear los asuntos que deben tratarse).*

5. Falso *(Wendy Red Star) es una artista multimedia contemporánea miembro de la tribu Crow. Ha recibido múltiples becas y subvenciones para crear su arte, recopilando un extenso catálogo de impresionantes esfuerzos artísticos. Además, ha trabajado incansablemente para promover a las mujeres nativas americanas en el mundo del arte, buscando formas de darles más oportunidades de exponer sus obras).*

Respuestas de las preguntas de emparejamiento

1. Wilma Mankiller/Ganó la Medalla Presidencial de la Libertad; Vine Deloria, Jr./Ampliación del Congreso Nacional de Indios Americanos; Clyde Bellecourt/Cofundador del American Indian Movement; Joy Harjo/Primera Poeta Laureada Nativa Americana; Fred Begay/Primer Nativo Americano en obtener un doctorado en Física.

2. Jonathan Nez/Navajo; Princesa Daazhraii Johnson/Neets'aii Gwich'in; Chuck Hoskin, Jr./Cheroqui; Frank Star Comes Out/Sioux; Bill Anoatubby/Chickasaw

3. David Wilson/Director de la Oficina de Investigación Tribal; Bernadette Demientieff/Directora Ejecutiva del Comité Directivo Gwich'in; Roselyn Tso/Directora del Servicio de Salud Indio; Susan Agard/Secretaria del Consejo Tribal Sioux; Nathan Small/Presidente del Consejo Empresarial de Fort Hall.

4. Keith Harper/Representante de EE. UU. ante el Consejo de Derechos Humanos de la ONU; Kimberly Teehee/Asesora Principal de Política de la Casa Blanca para Asuntos Indígenas; Deb Haaland/Secretaria del Interior de EE. UU.; Bryan Newland/14º Subsecretario del Interior para Asuntos Indígenas; Jack Jackson, Jr./Enlace con el Secretario de Estado de EE. UU.

5. Tommy Orange/Autor galardonado con el Premio Pulitzer; Wes Studi / Actor premiado; Madison Hammond/Jugadora de fútbol profesional; Pat Vegas/Cantante y bajista de la banda de rock Redbone; N. Scott Momaday/Celebrada novelista, ensayista y poeta.

Conclusión

Las experiencias de los indígenas americanos a lo largo de la historia han sido tan variadas como las tribus que componen la cultura general. Desde la época precolombina hasta nuestros días, todo lo relacionado con los pueblos indígenas de América es propio de sus civilizaciones. Sus historias de hermandad, equilibrio con la naturaleza y profunda espiritualidad contrastan con la sangrienta realidad de las violentas guerras que se han librado contra ellos. La opresión de los nativos americanos y la supresión de su patrimonio es un problema de derechos humanos que todavía asola a su pueblo. La mejor manera de combatir las opiniones ignorantes que conducen a tales resultados es educar a los forasteros sobre los hechos de su cultura.

La trivia es una forma estupenda de aprender cosas nuevas. Convierte la absorción de información en un juego. Pero eso no significa que no pueda encontrar conocimientos valiosos en un libro como éste. Incluso después de haber terminado de responder a todas las preguntas, puede releer las que haya hecho mal o repasar los datos incluidos en las claves de respuesta. Es un gran recurso que le ayudará a saber más sobre los nativos americanos de una forma fácilmente digerible. Podrá impresionar a sus amigos y familiares con lo mucho que sabe sobre los pueblos indígenas que vivieron en el "Nuevo Mundo" antes de la llegada de los europeos.

Aún puede encontrar mucha más información sobre este tema. Sería imposible incluir todo lo que hay que saber sobre la historia y la cultura de los indígenas americanos en un solo libro. Sin embargo, no cabe duda de que ha aprendido mucho sobre los pueblos indígenas de América. Este libro es una excelente manera de empezar a profundizar en los temas relativos a la historia, la cultura, la religión, la sociedad, el arte, el liderazgo y las tradiciones de los nativos americanos. Hay mucho más por descubrir, así que deje que éste sea el comienzo de su viaje para descubrir la enorme cantidad de información que aún existe. Sólo está esperando a que la encuentre.

Mira otro libro de la serie

Referencias de imágenes

Yuknoon el Grande Bernard DUPONT, CC BY-SA 2.0
<https://creativecommons.org/licenses/by-sa/2.0>, vía Wikimedia Commons
https://commons.wikimedia.org/wiki/File:Funerary_Mask_of_Yuknoom_Ch%27
een_II_(Jade,_Omphacite,_Green_Quartz,_and_diverse_Shell)..._Calakmul,_La
te_Classic_(600-800_AD).jpg

Artefactos precolombinos.
https://commons.wikimedia.org/wiki/File:Artifacts_(back).jpg

Jarrón de la cultura mesoamericana. Museo Metropolitano de Arte, CC0, vía
Wikimedia Commons https://commons.wikimedia.org/wiki/File:Codex-
Style_Vase_with_Mythological_Scene_MET_DP348021.jpg

Un códice precolombino. Gary Francisco Keller, obra de arte creada bajo la
supervisión

de Bernardino de Sahagún entre 1540 y 1585., CC BY 3.0
<https://creativecommons.org/licenses/by/3.0>, vía Wikimedia Commons
https://commons.wikimedia.org/wiki/File:The_Florentine_Codex-
_Agriculture.tiff

Líder lakota
https://commons.wikimedia.org/wiki/File:Sitting_Bull_by_D_F_Barry_ca_1883_
Dakota_Territory.jpg

Un líder Nez Percé
https://commons.wikimedia.org/wiki/File:Chief_Joseph_by_Edward_Sheriff_Cur
tis.jpg

Un conocido líder apache.
https://commons.wikimedia.org/wiki/File:GeronimoRinehart.jpg

Un líder Wampanaog.

https://commons.wikimedia.org/wiki/File:Philip_King_of_Mount_Hope_by_Paul_Revere.jpeg

Un líder Shawne. https://commons.wikimedia.org/wiki/File:Tecumseh02.jpg

Símbolo que representa a una diosa Pawnee.
https://commons.wikimedia.org/wiki/File:Atira_corn_goddess_symbol.jpg

Estatua de un guerrero iroqués. Rama, CC BY-SA 2.0 FR
<https://creativecommons.org/licenses/by-sa/2.0/fr/deed.en>, vía Wikimedia
Commons https://commons.wikimedia.org/wiki/File:Iroquois_Indian-Poop_decoration_mg_8118.jpg

Una ceremonia religiosa nativa americana
https://commons.wikimedia.org/wiki/File:Ghost_Dance_at_Pine_Ridge.png

Abalorios sioux. Tony Hisgett de Birmingham, Reino Unido, CC BY 2.0
<https://creativecommons.org/licenses/by/2.0>, vía Wikimedia Commons
https://commons.wikimedia.org/wiki/File:Arapaho_Beadwork_(27142570974).jpg

Abalorios Navajo. Downtowngal, CC BY-SA 3.0
<https://creativecommons.org/licenses/by-sa/3.0>, vía Wikimedia Commons
https://commons.wikimedia.org/wiki/File:Beaded_purse,_Winslow,_Arizona.jpg

Cerámica Hohokum.
https://www.flickr.com/photos/101561334@N08/9770502062

Cerámica Pueblo. Cerámica Acoma https://creativecommons.org/licenses/by-nc-nd/4.0/deed.en https://www.flickr.com/photos/rdpuna/5684319266

Cuenco apache Cestas y bandejas poco profundas apaches
occidentales https://creativecommons.org/licenses/by-nc-sa/4.0/deed.en
https://www.flickr.com/photos/mharrsch/2374966884

Cuenco Hopi. Ethan Doyle White, CC BY-SA 4.0
<https://creativecommons.org/licenses/by-sa/4.0>, vía Wikimedia Commons
https://commons.wikimedia.org/wiki/File:Hopi_Polychrome_Bowl_in_the_British_Museum.jpg

Máscara Kwakwaka'wakw Museo Metropolitano de Arte, CC0, vía Wikimedia
Commons
https://commons.wikimedia.org/wiki/File:Komokwa_Mask_MET_DT261796.jpg

Máscara Cheroqui Máscara Cheroqui 'Máscara de moco'
https://creativecommons.org/licenses/by-nc/4.0/deed.en
https://www.flickr.com/photos/mathers_museum/15990797942

Talla de madera salish. Sailko, CC BY 3.0
<https://creativecommons.org/licenses/by/3.0>, vía Wikimedia Commons
https://commons.wikimedia.org/wiki/File:Canada,_columbia_britannica,_salish_della_costa,_palo_da_abitazione,_da_songish_e_cowichan.jpg

Talla de madera Haida. Cuenco ceremonial Haida
https://creativecommons.org/licenses/by-nc/4.0/deed.en
https://www.flickr.com/photos/mharrsch/2518027931

Identifique el arte y la tribu
https://commons.wikimedia.org/wiki/File:Guerrier_Iroquois.JPG

Identifique esta imagen y la tribu asociada Redagavimasss, CC BY-SA 4.0
<https://creativecommons.org/licenses/by-sa/4.0>, vía Wikimedia Commons
https://commons.wikimedia.org/wiki/File:Sapn%C5%B3_gaudykl%C4%97.jpg

Identifique la imagen y la tribu asociada. Cesta hopi
https://creativecommons.org/licenses/by-sa/4.0/deed.en
https://www.flickr.com/photos/miheco/411555404

Identifique el arte y la tribu asociada Jim de Calgary, Canadá, CC BY 2.0
<https://creativecommons.org/licenses/by/2.0>, vía Wikimedia Commons
https://commons.wikimedia.org/wiki/File:Newspaper_Rock_closeup.jpg

Identifique la imagen y la tribu asociada. Cullen328, CC BY-SA 4.0
<https://creativecommons.org/licenses/by-sa/4.0>, vía Wikimedia Commons
https://commons.wikimedia.org/wiki/File:Ghost_Dance_shirt.jpg

Identifique la imagen y la tribu asociada.
https://commons.wikimedia.org/wiki/File:Osage_(Native_American)._Pair_of_M
occasins,_early_20th_century.jpg

Identifique la imagen y la tribu asociada.
https://commons.wikimedia.org/wiki/File:%22Booger%22_Dance_Mask._-
NARA-_281601.tif

Identifique la prenda que lleva sobre el pecho y la tribu asociada.
https://garystockbridge617.getarchive.net/amp/media/postcard-photographic-
print-bm-amb5665-91bfdf

Identifique la imagen y la tribu asociada.
https://www.rawpixel.com/image/7654164/image-vintage-art-public-domain

Nombre la vivienda.
https://commons.wikimedia.org/wiki/File:Oglala_girl_in_front_of_a_tipi2.jpg

Nombre la vivienda. Casa Hopi del Gran Cañón 0216
https://creativecommons.org/licenses/by-sa/4.0/deed.en
https://www.flickr.com/photos/grand_canyon_nps/5953038542

Nombre la vivienda.
https://www.flickr.com/photos/internetarchivebookimages/14597630578

Nombre la vivienda.
https://commons.wikimedia.org/wiki/File:Apache_Wickiup,_Edward_Curtis,_19
03.jpg

Nombre la vivienda. Scott D. Sullivan
https://commons.wikimedia.org/wiki/File:Yurok-Plank-house2.jpg

Nombre la vivienda. Chantico, CC BY-SA 3.0 <http://creativecommons.org/licenses/by-sa/3.0/>, vía Wikimedia Commons https://commons.wikimedia.org/wiki/File:Hogan.jpg

Nombre la vivienda. https://commons.wikimedia.org/wiki/File:Eskimo_family_and_their_igloo_from_Labrador,_Seattle,_A.Y.P.E._LCCN2005688376.jpg

Nombre la vivienda. Heironymous Rowe en Wikipedia en inglés, CC BY-SA 3.0 <https://creativecommons.org/licenses/by-sa/3.0>, vía Wikimedia Commons https://commons.wikimedia.org/wiki/File:Spiro_wattleanddaub_HRoe_2005.jpg

Nombre la vivienda. Evangelio Gonzalez https://creativecommons.org/licenses/by-sa/4.0/deed.en https://www.flickr.com/photos/dgonzal111139/11386080064

Nombre la vivienda. Keith Ewing https://creativecommons.org/licenses/by-sa/4.0/deed.en https://www.flickr.com/photos/kewing/39430469300

Nombre la figura de esta imagen. https://commons.wikimedia.org/wiki/File:SMO_V12_D013_Captain_John_Smith.png

Identifique la expedición. https://commons.wikimedia.org/wiki/File:Ponce_de_Le%C3%B3n.jpg

Nombre el deporte. https://commons.wikimedia.org/wiki/File:Ball_players.jpg

Nombre a esta famosa pacificadora nativa americana. https://timelessmoon.getarchive.net/amp/media/pocahontas-16-d7d07a

Identifique a los hábiles jinetes nativos americanos. https://commons.wikimedia.org/wiki/File:Conquering_the_wilderness;_or,_New_pictorial_history_of_the_life_and_times_of_the_pioneer_heroes_and_heroines_of_America,_a_full_account_of_the_romantic_deeds,_lofty_achievements,_and_marvellous_(14585195929).jpg

Identifique al líder. https://upload.wikimedia.org/wikipedia/commons/thumb/2/25/Touch_The_Cloud%2C_Cheyennes.jpg/1024px-Touch_The_Cloud%2C_Cheyennes.jpg

Identifique al líder https://commons.wikimedia.org/wiki/File:Horse_Ghost_4195191250_9f8767192c_o.jpg

Identifique al líder https://commons.wikimedia.org/wiki/File:Seminole_Indian_Billy_Bowlegs_III_at_the_Florida_Folk_Festival-_White_Springs,_Florida_(3341750276).jpg

Identifique a los sioux dakota de Yankton https://commons.wikimedia.org/wiki/File:Zitkala-Sa_(side_face).jpg

Referencias

Museo de Historia Natural de Arizona. (2011, 20 de septiembre). Los Hohokam | Museo de Historia Natural de Arizona. Www.arizonamuseumofnaturalhistory.org. https://www.arizonamuseumofnaturalhistory.org/plan-a-visit/mesa-grande/the-hohokam

blfm1808. (2017, 13 de febrero). ¡No todos los animales son de carne! Aprenda sus nombres cárnicos. Bluff Meat Supply. https://bluffmeatsupply.co.za/whats-cooking/kitchen-tips/not-every-animal-is-beef-learn-their-meat-names/

Brando, E. (2010). Wilma Mankiller. Museo Nacional de Historia de las Mujeres. https://www.womenshistory.org/education-resources/biographies/wilma-mankiller

Carey, Jr., H. (2009, 14 de noviembre). Gemelos de la mitología navajo - Cazadores de monstruos. Navajopeople.org. https://navajopeople.org/blog/navajo-mythology-twins-monster-slayer/

Cyca, M. (2022, 4 de octubre). 9 datos sobre las tribus nativas americanas. HISTORIA. https://www.history.com/news/native-american-tribes-facts

Departamento de Artes de África, Oceanía y las Américas. (2021). Teotihuacan. Metmuseum.org. https://www.metmuseum.org/toah/hd/teot/hd_teot.htm

Recursos Digitales y Servicios de Descubrimiento. (s.f.). Tratado con los Delawares, etc., 1809. Treaties.okstate.edu. https://treaties.okstate.edu/treaties/treaty-with-the-delawares-etc-1809-0101

Colegio Diné. (2022). Historia. Colegio Diné. https://www.dinecollege.edu/about_dc/history/

Donovan, L. (2017, 1 de mayo). El presidente de los sioux de Standing Rock, Dave Archambault, detenido en la protesta contra el oleoducto Dakota Access. Bismarck Tribune. https://bismarcktribune.com/news/state-and-regional/standing-rock-sioux-chairman-dave- archambault-arrested-at-dakota-access/article_fb12da36-3e84-5694-8eba-000013930cb2.html

Editores, Historia. com. (2022, 31 de octubre). American Indian Movement (AIM). HISTORIA. https://www.history.com/topics/native-american-history/american-indian- movement-aim

Fiedler, C. M. (2021, 29 de octubre). 16 Hechos que aprender para el Mes de la Herencia Nativa Americana. Good Housekeeping. https://www.goodhousekeeping.com/life/a38083079/native- american-heritage-month-facts/

Kappler, C. J. (2008). El proyecto Avalon : Tratado con las Seis Naciones : 1784. Avalon.law.yale.edu. https://avalon.law.yale.edu/18th_century/six1784.asp

kmh182. (2023, 29 de noviembre). La historia de los nativos americanos: Una historia de logros. The Daily. https://thedaily.case.edu/the-native-american-story-a-history-of-accomplishments/

Leyendas de América. (2023, julio). Los indios de las llanuras - Sobrevivir con el búfalo - Leyendas de América. Www.legendsofamerica.com. https://www.legendsofamerica.com/na- plainsindians/

Madl, H. (s.f.). Colección de fuentes: Análisis de los tratados entre la Confederación iroquesa y las colonias inglesas en el siglo XVIII | World History Commons. Worldhistorycommons.org. https://worldhistorycommons.org/source-collection-analyzing-treaties-between-iroquois- confederacy-and-english-colonies-18th-century

Medina, D. A. (2016, 20 de septiembre). Standing Rock Sioux Takes Pipeline Fight to UN Human Rights Council in Geneva. NBC News; NBC News. https://www.nbcnews.com/news/us- news/standing-rock-sioux-takes-pipeline-fight-un-human- rights-council-n651381

Mooney, J. (1888). Mitos de los cheroquis. The Journal of American Folklore, 1(2), 97-108. https://doi.org/10.2307/533812

Archivos Nacionales. (2020, 8 de septiembre). Tratados Indios Americanos: Enlaces del catálogo. Archivos Nacionales. https://www.archives.gov/research/native-americans/treaties/catalog-links

Biblioteca Nacional de Medicina. (s.f.). Los pueblos nativos empiezan a morir por enfermedades europeas - Cronología - Voces nativas. Www.nlm.nih.gov. https://www.nlm.nih.gov/nativevoices/timeline/169.html

Servicio de Parques Nacionales. (2016a). Fuelles de bisonte: Prácticas de caza indígenas (Servicio de Parques Nacionales de EE.UU.). Nps.gov.

https://www.nps.gov/articles/bison-bellows-3-31-16.htm

Servicio de Parques Nacionales. (2016b). Cliff Dwellings - Parque Nacional Mesa Verde (Servicio de Parques Nacionales de EE.UU.). Nps.gov. https://www.nps.gov/meve/learn/historyculture/cliff_dwellings_home.htm

Comisión del Patrimonio Nativo Americano. (2018, 18 de febrero). Historia india de California - Comisión del Patrimonio Nativo Americano de California. Nahc.ca.gov. https://nahc.ca.gov/native- americans/california-indian-history/

Lenguas nativas de las Américas. (2015, 30 de julio). Una historia caddo. Www.native- Languages.org. https://www.native-languages.org/caddostory.htm

Lenguas nativas de las Américas. (2020, 30 de enero). Unangan/Aleut Legends (Folclore, mitos y cuentos tradicionales indios). Www.native-Languages.org. https://www.native- languages.org/aleut-legends.htm

Oficina del Secretario de Prensa. (2015, 16 de noviembre). El presidente Obama nombra a los galardonados con la Medalla Presidencial de la Libertad. Whitehouse.gov. https://obamawhitehouse.archives.gov/the- press-office/2015/11/16/president-obama-names- recipients-presidential-medal-freedom

Biblioteca de la Universidad Estatal de Oklahoma. (2017, 5 de octubre). ASUNTOS INDIOS: LEYES Y TRATADOS. Vol. 2, Tratados. Web.archive.org. https://web.archive.org/web/20171005231247/http://digital.library.okstate.edu/Kappler/vol2/treaties/del0101.htm

Perri, A. R., Feuerborn, T. R., Frantz, L. A. F., Larson, G., Malhi, R. S., Meltzer, D. J., & Witt,

K. E. (2021). La domesticación del perro y la doble dispersión de personas y perros en las Américas. Actas de la Academia Nacional de Ciencias, 118(6). https://doi.org/10.1073/pnas.2010083118

Schilling, V. (2023, 7 de noviembre). Líderes nativos americanos: A Timeline. HISTORIA. https://www.history.com/news/native-american-leaders-timeline

Smithsonian - Museo Nacional del Indígena Americano. (2014). De nación a nación. Si.edu. https://americanindian.si.edu/nationtonation/

Sullivan, W. (2023, 3 de abril). Una nueva investigación reescribe la historia de los caballos americanos. Smithsonian Magazine. https://www.smithsonianmag.com/smart-news/native-americans-spread-horses-through-the-west-earlier-than-thought-180981912/

Cuerpo de Marines de los Estados Unidos. (2006, 31 de octubre). HD. Web.archive.org. https://web.archive.org/web/20061031191959/http://hqinet001.hqmc.usmc.mil/HD/Historical/Whos_Who/Hayes_IH.htm

Servicio Forestal de EEUU. (s.f.). Tratado Nez Percé, 1855.

https://www.fs.usda.gov/Internet/FSE_DOCUMENTS/stelprdb5108216.pdf

Velie, E. (2022, 10 de mayo). El arte rupestre más grande de Norteamérica descubierto en Alabama. Hyperallergic. https://hyperallergic.com/731452/north-americas-largest-cave-art- discovered-in- alabama/

Wheat, K. (2014, 13 de octubre). Viniendo a América: el trigo navegó con Colón. Kswheat.com. https://kswheat.com/news/coming-to-america-wheat-sailed-with-columbus

Wigington, P. (2017, 20 de marzo). Atrapasueños: Totalmente No Pagano, Chicos. Patti Wigington. https://www.pattiwigington.com/dream-catchers-nope/

Zaffuts, G. (2022, 2 de junio). Pawnee. Centro de Tecnología Lingüística. https://celt.indiana.edu/portal/Pawnee/index.html

(2022). Estudio.com. https://study.com/academy/lesson/iroquois-longhouse-facts-lesson-for- kids.html

www.ingramcontent.com/pod-product-compliance
Lightning Source LLC
Chambersburg PA
CBHW061805120626
46550CB00005B/2143